ACCIÓN DE PRECIOS PARA TODOS

Una historia de éxito del trading online

Karina Fabi

- ACCIÓN -
de PRECIOS
PARA TODOS

Una historia de exito del trading online

Karina Fabi

watchMyTrading®

Revisión: Jazmín Aon

Julio 2024

ISBN papel: 978-84-128637-6-5
ISBN ePub: 978-84-128637-7-2

Depósito legal: M-18246-2024

Bubok LTD, sello editorial que pertenece al grupo Editorial Bubok Publishing
equipo@bubok.com
Tel: 912904490
Paseo de las Delicias, 23
28045 Madrid

Índice

A mis padres Emidio y Teresa gracias por el amor y apoyo incondicional. A mi primera profesora de economía Licenciada Susana Irusta gracias a quien amo la economía. A toda la comunidad de Watch My Trading gracias.

INTRODUCCIÓN ECONÓMICA A LA ACCIÓN DE PRECIOS

En esta publicación encontrarás todo lo necesario para comenzar a hacer trading online entendiendo la acción de precios. La intención es que puedas aplicar en simples pasos una forma de comprender y operar el mercado financiero sin fórmulas, sino con razonamiento y estrategia.

Comenzaremos desde lo general a lo particular. Los primeros pasos en este aprendizaje son analíticos y luego estratégicos. Sin embargo, el análisis y la estrategia tienen dos bases muy diferentes. Los analistas son de Marte, los traders (estrategas) son de Venus. Si bien estudiamos con la misma base de conocimiento, tenemos dos acercamientos al mercado realmente diferentes.

Los últimos dos capítulos de esta publicación comienzan a aumentar de complejidad. Claro está que la acción de precios lee la "historia" del activo en el tiempo basado en el comportamiento, pero en esta publicación prometo enseñarte a ser estratega, no analista. Vas a pensar dos pasos adelante del mercado. Cada movimiento será calculado para acercarnos a las probabilidades favorables. Por lo tanto, los siguientes capítulos están basados en interpretar escenarios para armar estrategias de mercado.

Si ya tienes experiencia en el mercado o estás invirtiendo desde hace mucho tiempo sin éxito, es posible que este sea el complemento exacto que andabas necesitando. En la última parte de la publicación (Neurociencia) te cuento mi experiencia de pasar de perder 80.000 dólares utilizando indicadores a ganar esa misma cantidad en menos de 6 meses con acción de precios. Lo mejor que me ha pasado en vida fue al mismo tiempo mi peor tormento. Sin esa pérdida de dinero no hubiese llegado a la acción de precios ni a vivir de esta profesión. La simple decisión de no rendirme cambió el rumbo de mi historia y la de miles de traders que han llegado a watchMyTrading.

En este momento, entre tú y yo estamos formando una alianza de éxito. Me encargaré de compartirte paso a paso todo lo que sé. Necesito también que pongas de tu parte y no rindas a la primera caída. Eventualmente, tendremos que tomar decisiones de pérdidas, pero aprenderás sobre esos días también. Tendremos días de largas esperas antes de comprar o vender, pero la templanza es parte de la sabiduría con la cual te estaré formando. La acción de precios no es una fórmula mágica, pero con constancia y paciencia te sentirás un mago en el mercado. Te convertirás en un verdadero estratega y nada se te pasará por alto. Solo te pido: SÉ PACIENTE. Todo este esfuerzo que pondrás en esta preparación dará sus buenos y fructíferos días.

Quien es maestro de la paciencia,
es maestro de todo lo demás.
George Savile

BASE DE LA ACCIÓN DE PRECIOS

La base de la acción de precios es la oferta y demanda del mercado en un momento del tiempo determinado. Repetiremos este concepto en varias ocasiones para que se engrane en tu razonamiento. El precio de un activo, cosa o servicio existe gracias a un acuerdo entre parte ofertante y parte demandante. Ese acuerdo de precios en el tiempo comienza a formar un historial o histórico de precios. Este historial del precio es el ADN del activo.

La curva de precios que recorre el mercado define nuestras estrategias. La acción de precios es aplicable a todos los activos del mercado. Le llamamos activos al producto financiero en cuestión: cruces forex, acciones, ETF's, commodities. Claro que cuanto más historial tiene el activo en cuestión, más confiable se torna el historial de mercado. Si un activo X sale al mercado hoy, existe poca actividad entre oferta y demanda. Es posible que sean solo compradores. Entonces, no existe la suficiente actividad para determinar dónde se acercan los compradores y dónde están los vendedores. Por el contrario, un activo con más de 10 o 20 años en el mercado presentará comportamientos muchos más fiables y predecibles.

En resumen, todo se reduce al comportamiento del mercado y a cómo lo comprendemos desde el precio.

Conductismo en el mercado financiero

La corriente psicológica le llama a este fenómeno behaviorismo o conductismo: se basa en la observación del comportamiento (en este caso el mercado) en sus diferentes conjuntos de relaciones entre estímulos y respuestas. De hecho, existen muchos otros fenómenos económicos fundados en el behaviorismo. Estas corrientes pragmáticas tuvieron su auge entre el siglo XIX y XX. Desde su precursor, John Watson, se han podido predecir comportamientos no solo del mercado financiero sino también en la política y otros sectores. Desde simples decisiones como a qué precio comprar o no determinado artículo en el supermercado, hasta las más complejas decisiones de inversión. El conductismo sabe leer el comportamiento humano y **esa es la base de la acción de precios**.

El conductismo acumula conocimiento científico constantemente sobre la explicación, predicción y control de la conducta. Se autocorrige y reconstruye sobre sí mismo como una auténtica ciencia del comportamiento, crea sus propios procedimientos para la obtención de datos y propone leyes sobre el comportamiento.

El historial de mercado es solo la mitad de lo que necesitas saber, la otra mitad es la parte estratégica. De nada sirve saber cuándo el mercado se compró o vendió si no sabemos aprovechar esa información cada día en menos de 15 minutos de razonamiento.

Explicamos sobre situaciones de mercado transcurridas pero debemos entender que todo sirve únicamente para tener las herramientas para operar cada día. Cada jornada de mercado es única y no asumimos nada con anticipación. En cada apartado recuerda tomar tus propias notas y, en lo posible, practicar sobre tus gráficos. Es poco común que traders lleguen a operar con precios siendo principiantes. Si es tu caso, haremos un repaso de posibles términos que no comprendas. Los traders que aprenden sobre esta disciplina generalmente pasan por contenido sobre análisis técnico o chartista primero. No quiero decir que lo necesites para comprender la acción de precios (todo lo contrario). Sino que es muy casual que aprendas esta corriente desde el principio. Existe muy poco material en español sobre esta teoría. Es el secreto mejor guardado de los fondos de cobertura y traders profesionales.

Si solías utilizar indicadores (medias móviles, estocásticos, fibonacci, etc.), necesitarás desaprender muchas cosas para entrar de lleno a la acción de precios. Aunque si estás recién comenzando a aprender trading y no has pasado por chartismo o indicadores, te has ahorrado mucho tiempo y dinero. Es fundamental que no apliques conceptos anteriores en esta nueva fase de tu aprendizaje. NO intentes comparar la estrategia de acción de precios con otros sistemas.

> *Cuando se termina el encanto y la dopamina de los indicadores, aparece el maestro de precios y volvemos a las raíces del mercado.*
> Karina Fabi

INTRODUCCIÓN ECONÓMICA: CURVA DE OFERTA Y DEMANDA

Repasemos los términos que posiblemente no conozcas. Cuando nos referimos a la acción del precio, hablamos sobre el precio del mercado en movimiento. La acción del precio Price action no es una estrategia de trading, es, mejor dicho, un sistema de lectura del mercado basado en la oferta y demanda de un activo o instrumento. La estrategia que utilizamos en base a este sistema se llama scalping. Es a modo de que te refieras con precisión sobre estos temas. La acción de precios es el sistema, el scalping es la estrategia a implementar. Una vez que un instrumento sale a cotizar al mercado (acciones, commodities, monedas, etc.) el precio va generando una curva de oferta y demanda.

En economía esta curva tiene un uso diferente al que le daremos aquí. Adoptaremos el concepto económico para comprender mejor la acción de precio. Esta curva tiene dos ejes: uno de compradores y otro de vendedores. En la medida que el mercado intercambia este activo, ese comercio del mismo va uniendo comprador y vendedor generando un histórico en el precio. Conforme avanza el tiempo, la actividad del precio queda grabada en la memoria del activo generando así sus áreas de compra y áreas de venta. Vamos a esquematizar a continuación:

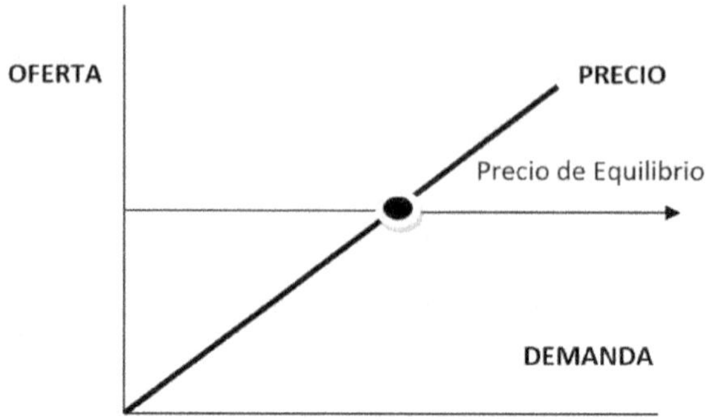

En el gráfico anterior vemos los ejes y también un punto central en la línea del precio que une ambas curvas. Este punto simboliza el precio de equilibrio. Cuando se une la oferta con la demanda se produce un equilibrio en el mercado y se acuerda tácitamente un precio. Por ahora nos concentramos en introducirte a los términos. Solo recuerda que el precio de equilibrio es donde se pone de acuerdo la oferta y la demanda. Intrínsecamente, somos todos nosotros quienes generamos esta curva de mercado y el precio de equilibrio en cada producto, ser vicio o activo financiero.

Si un kilo de azúcar en el supermercado estuviera muy caro respecto de lo que el consumidor estaría dispuesto a pagar, habría un exceso de oferta y escasez de demanda. El precio debería bajar para poder llegar a un acuerdo con el comprador y poder venderse. Si el kilo de azúcar estuviera muy barato, ocurriría lo contrario. Habría un exceso de demanda y no habría suficiente oferta dado que no sería conveniente para el productor. Al final del día el comprador y el vendedor se pondrán de acuerdo para que el kilo de azúcar mantenga su precio de equilibrio y ambas partes participen en el mercado al día siguiente. Esto ocurre en los mercados tradicionales. En cambio, es diferente en los CFDs.

¿Qué es un CFD?

CFD es la sigla para "Contrato por Diferencias". Quiere decir que no posees el instrumento en el que inviertes como en las inversiones tradicionales (acciones, índices o commodities) sino un contrato por diferencias. Cuando inviertes a través de un CFD estás solo especulando sobre el movimiento del precio, que puede subir o bajar. Tu tarea como inversor es predecir el movimiento del futuro precio del instrumento en el que especulas.

Si el kilo de azúcar fuera un derivado financiero o un (CFD Contrato por Diferencia) y tú como comprador sabes en qué precios el mercado compra más azúcar durante el día, mes o año, tú comprarías en esos precios (zona de precios compradores). Si tú como comprador sabes en qué precios el kilo de azúcar comenzaría a caer por efecto de la demanda, entonces lo venderías y así se sumarían otros vendedores (zona de venta de mercado). Los inversores o traders que se quedan en el camino perdiendo dinero son quienes no invierten con entendimiento de zonas de mercado. El trader o inversor promedio compraría en cada precio a la baja (barato) que vé disponible.

Aquí, indirectamente, introducimos dos conceptos más. Por un lado, puede existir el exceso de oferta y, por otro, el exceso de demanda. Estos mismos fenómenos se producen en el mercado financiero. Existen niveles de precios de las acciones o las divisas donde nadie compraría por estar sobrevaloradas. Entonces, cuando ya no sube más el precio, no es conveniente para ninguna de las partes del mercado. Por lo que el comprador toma sus ganancias (cierra sus compras). Al tomar sus ganancias el comprador o liquidar sus compras de mercado el precio naturalmente cae. La caída del precio da lugar a que entren nuevos participantes al mercado otra vez. Aquí el precio sube nuevamente. Entonces, de esta manera, se mantiene el ecosistema de mercado siempre en equilibrio. La cuestión es tener la rapidez suficiente para identificar esas oportunidades.

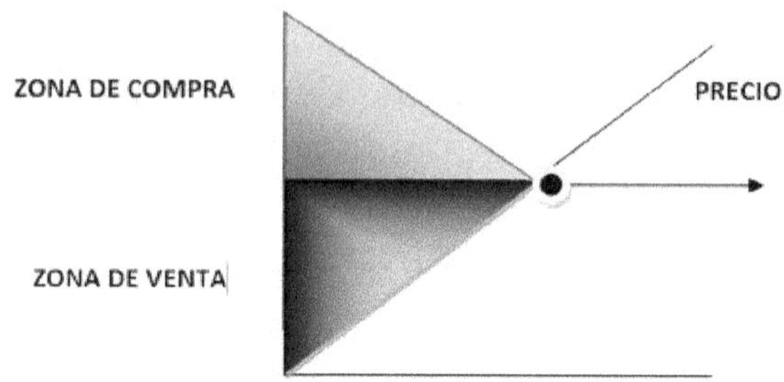

En el gráfico de arriba verás que se distinguen dos triángulos: uno inferior y uno superior. Al superior lo llamaremos zona de compra y al inferior (debajo del precio de equilibrio) lo llamaremos zona de venta. El término de zonas de mercado hace referencia a lo que comparativamente podría entenderse como tendencia. En la acción del precio NO utilizamos tal concepto de tendencia alcista o bajista, soportes o resistencias. **Aquí aprenderás sobre zonas de mercado** (compradora o vendedora). Rangos de mercado para compras y rangos para ventas. Recuerda, una vez más, que si sabes de chartismo o análisis NO te servirá para este encuentro de acción de precios que intento llevarte.

La zona de mercado compradora está definida por los precios mínimos del mercado en un momento determinado del año SOBRE el cual el comprador está dispuesto a mantenerse abierto (o comprado). La zona vendedora está definida por debajo de los precios máximos de mercado donde el comprador NO está dispuesto a mantenerse abierto (o comprado). En la zona compradora domina el holder (el que sostiene sus compras) mientras que en la zona vendedora domina el shorter (quien aprovecha las compras para venderse).

¿Qué es la presión de mercado?

Otro concepto que escucharás seguido es el de presión de mercado. Se entiende que el mercado al comprar un activo financiero presiona sobre el precio haciendo que este suba. Lo mismo ocurre en las ventas, cuando el comprador no sostiene sus compras el vendedor es quien presiona a la baja en el precio haciendo que, naturalmente, el precio baje.

Cuando el precio de un instrumento o activo sube durante una sesión de mercado aumentará su "presión" compradora cada vez que llegue a un precio máximo. El concepto de volumen o presión de mercado es medible en el trading gracias a apenas reconocer el cuerpo de las velas japonesas. No necesitamos de indicadores de volumen para esto. Esta es la única herramienta que tomamos del gráfico para hacer trading con acción de precio.

Los activos que utilizamos dentro de este contenido son contratos por diferencia (CFDs) en monedas, índices y commodities, criptomonedas. Sin embargo, el núcleo de cada tema es el PRECIO. El mercado de monedas es el más importante cuando de transacciones se trata. Entre mercado spot, swaps y forwards suman más de 5 trillones diarios. Esta cantidad de dinero activo hace que la oferta y demanda del precio sea dinámica y altamente rentable con una buena estrategia. Puedes aplicar el sistema de lectura de precios en todo instrumento. El único requerimiento es que el activo tenga volumen operativo suficiente como para haber generado historial de mercado.

Sin volumen de transacciones el activo tendrá poca actividad sin aportar información suficiente en su precio. Muchos instrumentos nuevos que salen a cotizar a mercado aún no cuentan con volumen diario suficiente y entonces no es aplicable la lectura del precio. Las acciones en oferta pública inicial (IPO), por ejemplo, se rigen por estrategias diferentes. El precio tendrá poco sustento y es probable que no cuente con la suficiente información. Las nuevas criptomonedas tampoco tienen volumen o actividad suficiente para detectar zona de mercado. En estos casos las estrategias son diferentes a las que aporta la acción de precios.

PREPARACIÓN

Para comenzar tu carrera en el Trading Online solo necesitas tomar la decisión de independizarte. Los *traders* de profesión se sustentan de sus elecciones de mercado diarias. Es por eso que el trabajo emocional es crucial en esta actividad, no tomes a la ligera este primer paso. El camino del trader está lleno de altibajos, pero una mente dispuesta y decidida es imbatible. Decidí agregar este apartado para que estés preparado para recibir nuevo conocimiento y todo lo que aprendas sea de utilidad.

> **Al finalizar este estudio puedes ser parte del 50% que no logró ser rentable o parte del 50% que le cambió la vida haber aprendido acción del precio.**

Recomiendo que si aún no estás decidido, comiences con la última parte de esta presentación, neurociencia, y luego vuelvas al primer capítulo. He dedicado un segmento específico para ayudarte a controlar tus emociones y a su repercusión en tus decisiones de mercado e inversión. Si has tenido "malas experiencias" en inversiones, trading, o simplemente malas decisiones de dinero, entonces tenemos trabajo mental que realizar primero. Ve al último capítulo y realiza los ejercicios recomendados.

> **Si te consideras con poca "suerte" en temas de dinero, ¡hay que cambiar un par de neurocircuitos antes de comenzar a hacer trading!. El auto sabotaje es uno de los**

componentes principales que debemos descartar antes de dedicarnos a esta profesión.

Para prepararte en esta disciplina es crucial la decisión del *bróker*, precios, *spread*, ejecución, todo cuenta. Por sobre todos los aspectos necesarios que un *bróker* debe cumplir, elige uno que te permita cubrirte. La complejidad del mercado internacional nos obliga a siempre tener un plan de cobertura. Le dedicaremos un capítulo a esta parte y a cómo se utiliza. Verifica que tu *bróker* tenga habilitado esa opción. En *watchMyTrading* siempre nos aseguramos de que puedan cubrirse todos aquellos que operan en acción de precios y en nuestra sala de *trading*. Los brokers con regulación de Estados Unidos generalmente tienen FIFO (first in first out) y no permite cubrir posiciones.

JURISDICCIÓN

La jurisdicción de tu bróker es clave cuando se trata de regulaciones. La regulación de empresas de *brokerage* que ofrecen derivados financieros es inexistente en Latinoamérica. Que un *bróker* esté registrado en una comisión de valores no significa que estén regulados. Registros y regulaciones son cosas diferentes.

Centros financieros de países desarrollados tienen instituciones que se encargan de auditar y controlar empresas que ofrecen productos financieros. Los *brokers* americanos dentro de la jurisdicción de Estados Unidos son regulados bajo la NFA (*National Futures Association*) y la CFTC (*Commodity Futures Trading Commission*) sin embargo, los brokers allí tienen restricciones sobre condiciones de trading (no permiten coberturas o *hedging*). Por lo tanto, los *brokers* de Estados Unidos nos imposibilitan operar cubriendo, que es una de las condiciones que hablaremos en este contenido.

Una vez descartados los *brokers* bajo esas regulaciones, queda el Reino Unido, allí nos encontramos con la FCA (*Financial Conduct Authority*). La FCA es la autoridad máxima para empresas de *brokerage* con jurisdicción en el Reino Unido. Aquí no tenemos limitaciones en cuanto a apalancamiento y *hedging*. Sin embargo, desde Agosto del 2018 la ESMA (Autoridad Europea de Valores y Mercados) aplicó una regulación particular sobre ciudadanos europeos, donde reducía la capacidad de adquirir productos apalancados, allí los brokers tuvieron que bajar su oferta para ciudadanos de jurisdicción europea.

Rápidamente, los *brokers* británicos y europeos reaccionaron ante esta limitación y abrieron oficinas en paraísos fiscales y sobre todo en *Saint Vicent*. De esta manera pudieron mantener a sus clientes de otros países fuera de la Unión Europa y sin restricciones de apalancamiento. Para verificar la regulación del *bróker* se debe chequear el número de registro, sea NFA o FCA en la página propia del organismo regulador. La ventaja principal es que tú como inversor te encuentras protegido bajo un organismo superior al *bróker* y puedas elevar reclamos y demás cuestiones.

Los entes reguladores son de extrema importancia en estos tiempos. Cada vez más oficinas de *brokers* fantasmas se están abriendo en Latinoamérica aprovechándose de la falta de regulaciones. Aparentan ser serios y en verdad no existen. Las personas abren cuentas de inversión con la promesa de retornos y rentabilidades con capitales que van desde 100 dólares. Utilizan diferentes discursos de ventas: *boots* de *trading*, criptos exóticas, información confidencial, entre otras.

Los *exchange* de criptos tampoco son regulados. Nada de lo relacionado a las criptomonedas tiene o tendrá algún tipo de regulación. Se está trabajando al respecto y algunos países han avanzado en los controles, pero ningún gobierno puede tomar control de este crecimiento.

Los *brokers* comerciales, aquellos que atraen clientes a razón de bajos *spreads* sin comisiones y asesoramiento gratuito, difícilmente son aptos para *traders* profesionales y más aún si utilizan acción de precios. Es altamente probable que estos *brokers* te arrebaten dinero con malas ejecuciones de mercado. Realizan tramposas pasadas de *trading* en días de alta volatilidad y un sin número de malas prácticas que dejan en el camino a quienes comienzan a incursionar en el mercado.

Los *traders* principiantes caen tentados con estas ofertas comerciales. Recuerda que los *brokers* regulados no pueden hacerlas ni tampoco dar asesoramientos. El motivo es el conflicto de intereses. Si el *broker* gana dinero con tus operaciones, entonces no deben involucrarse en tu *trading* ni en tus estrategias. Actualmente, la oferta de los *brokers* no comerciales y regulados es de entre 5 USD a 7 USD de comisión fija por lote y un spread de entre 0. 8 a 2. 5 en cruces de monedas mayores.

ACCIÓN DE PRECIOS

La acción de precios es la lectura del mercado financiero basada en la oferta y demanda de un instrumento financiero. La ley de oferta y demanda aplica al mercado de monedas, acciones, índices, commodities y demás activos. La acción de precios puede ser asimilada desde la perspectiva de un gran mercado de intercambio donde se presentan compradores y vendedores. Los precios llegan a su equilibrio diario una vez finalizada la jornada de trading. Hacer trading sobre la acción del precio aplica para traders a largo plazo, mediano plazo y *escalpers*. Los *traders* a largo plazo tendrán una lectura del precio diferente a los traders intradiarios o *scalpers*. Por lo tanto, no importa qué tipo de trading hagas, ya que este sistema es aplicable igualmente.

Para que visualices de manera sencilla la acción de precios, imagina que en un día determinado tienes dos columnas: en una tienes que colocar los precios vendedores y en otra los precios compradores. El objetivo es imaginar esas dos columnas agrupando los precios de venta en una y los de compra en otra. La pregunta que nos hacemos es: ¿cómo se logra extraer esa información de un gráfico que se mueve constantemente? Mediante el historial de mercado. La acción de precio es muy reveladora, por más que no lo entiendas al comienzo, ¡insiste!

El histórico o la acción pasada del activo te brindará esa información. Lo que hacemos es desplazarnos en el gráfico de manera horizontal para comprender el precio que se mueve lógicamente de manera vertical. Pero, ¿en qué parte del histórico o cuánto atrás del gráfico debo retroceder?. No tiene relevancia cuánto hacia atrás vayamos en el tiempo, lo importante es reunir la mayor cantidad de información posible.

Por otro lado, si cuentas con información de precios de la jornada de mercado anterior, mucho mejor. Lo cierto es que muchas veces hacemos *trading* en máximos mensuales, anuales o hasta interanuales. Por lo tanto, es muy común que tengamos que usar temporalidades gráficas de hasta 4 horas o un día para apreciar la actividad del precio en esos niveles.

Si recuerdas la curva de oferta y demanda que presentamos al comienzo, tu primer objetivo es identificar el valor o precio del punto que marcamos en esa curva. Claro que si el precio se mueve más de 200 veces al día será imposible identificar a simple vista en qué nivel el mercado encuentra su equilibrio. Para eso recurrimos a una muy buena herramienta: *pivot point daily shifted*. El indicador *pivot* lo utilizamos para reunir información esencial de la jornada de *trading* que estamos atravesando. Este indicador te dará el precio promedio diario que necesitas para comprender este sistema de *trading*. Lo veremos más adelante.

El precio de equilibrio dirige los volúmenes de oferta y demanda dentro de la jornada de trading. Como en todo mercado, hay precios más estratégicos que otros. Sin embargo, el mercado es uno solo. La habilidad del *trader* está en identificar lo más rápido posible cuándo es el momento justo de compra y cuándo los compradores se retiran del mercado para dar lugar a los vendedores.

Para que visualices con ejemplos prácticos: el precio del kilo de harina en un día determinado es $x. A ese precio la demanda es más alta que la oferta. Por lo tanto, seguramente el mercado subirá el precio para llegar al equilibrio.

Lo mismo ocurre en el mercado financiero. Cada jornada de mercado tiene precios con más demanda que otros, sin embargo, durante el día tienden a equilibrarse.

Te preguntarás por qué tanta insistencia con el precio de equilibrio. Lo cierto es que el *trading* **es rentable cuando el mercado pierde el equilibrio**. Esto significa que todos participamos de inversiones gracias a la especulación. Un mercado sin especulación sería un mercado controlado por el gobierno. Cuando el mercado pierde el precio de equilibrio y se especula al alza, nosotros ya sabemos que iremos en compra. Si el mercado sale de su precio de equilibrio y cae, entonces especula a la baja. Por lo tanto, la especulación hace que el precio tenga movimiento y actividad durante el día.

La acción del precio no tiene dualidades en su interpretación. Un precio es comprador o vendedor y todo se define en una zona de mercado determinada. Los precios por arriba del nivel de equilibrio generarán presión compradora, aumentando así la cotización. El mercado por debajo del precio de equilibrio implica depreciación y presión vendedora. Cuando la jornada de mercado termina y las bolsas cierran, el precio de equilibrio del día se habrá mantenido. Al día siguiente, todo vuelve a comenzar: al activarse las bolsas del mundo la oferta y la demanda comienzan desde cero. El precio de equilibrio es diario. Entonces, nuestra lectura del mercado cambia día a día y, por lo tanto, nuestra estrategia también.

El *trader* intradiario tiene solo ocho horas de actividad bursátil. Esta aclaración puede prestarse a confusión porque en todo momento del día algún mercado estará abierto. Depende del país donde esté situado, le convendrá operar en las ocho horas bursátiles de mercado asiático, europeo, americano o el *overlap* de estos últimos. Como mercado intradiario, entendemos a las horas activas de la bolsa de valores del país en cuestión. Sin embargo, no todas esas horas son realmente activas. Nuestro *trading* se concentra en hacer posiciones de mercado rápidas con una duración máxima de 15 minutos. Por lo tanto, cuando abrimos una posición en nuestra cuenta y se prolonga de esa duración, probablemente sea porque el volumen de ese día fue bajo. Cuando el volumen de mercado del día es bajo, las órdenes deberán de mantenerse hasta que se reactive nuevamente.

Para la acción de precios, el volumen operativo del día es fundamental. Sin operadores no hay órdenes de mercado y sin órdenes de mercado no habría acción de precio. Por lo tanto, es necesario entender que **los *traders* intradiarios acompañamos la actividad bancaria**. Si los bancos están abiertos, tendremos volumen. Sin embargo, cuando los bancos comienzan a cerrar, nuestro volumen o actividad de mercado comienza a caer. Si el volumen de mercado del día es insuficiente, el trader intradiario podría no tener oportunidades de entrada. El tiempo transcurrido desde una sesión de mercado a otra determina el precio de equilibrio.

Las cotizaciones de las principales monedas del mundo están disponibles todo el día. Sin embargo, no todos los cruces de monedas generan oportunidades diariamente. Dependiendo el día, tendremos activos con mayor actividad en los cruces con yenes y otros días con cruces sobre libra o euro. El trader deberá repasar sus cruces y decidir dónde concentrará su actividad del día. Si te decides por las *commodities*, repasa los requerimientos de margen (difiere el dinero que necesitas para trabajar sobre monedas que para trabajar sobre *commodities*). Los *spreads* también difieren dentro de los grupos de monedas, *commodities* e índices. Operar con precio tiene una relación directa con las ventajas que proporciona una *spread* bajo, a menor *spread* más posibilidades de hacer un *scalping* lo más preciso posible.

SCALPING

El *scalping* en acción de precios es una técnica para operar el *swing* o el intradiario. No todos los días tendremos posibilidad de hacer *scalping* dado que a veces el volumen no es el suficiente. El scalping es la técnica operativa mas adoptada por el trader intradiario. La ventaja principal es disminuir el riesgo de cambios bruscos del precio y contar con la liquidez suficiente para operar todos los días en diferentes oportunidades. Actualmente, el mercado internacional no está en tendencia alcista o *bullish*. Contrariamente, los compradores hacen rápidos movimientos y toman sus ganancias, de esta manera cae el precio. Este comportamiento es típico en momentos de incertidumbre.

Sin embargo, no siempre es o será así, tendremos años o meses de estabilidad en donde los países comenzarán a alinearse en su política monetaria y los compradores se sentirán seguros para mantener sus posiciones.

Sugiero que hagas una lista de los instrumentos que te interesan operar en tu inversión, en una columna coloques el *spread* que tiene y en otra el margen requerido.

Ej:

Activo	**Spread**	**Margen a 0. 1**
EURUSD	1. 2	1 USD
GBPUSD	1. 5	1 USD

De esta manera, tendrás la información más rápida y sabrás en qué puedes entrar a mercado y con cuánto dinero por posición.

Precio de equilibrio

La oferta y demanda se unirán necesariamente en un precio. Se puede identificar el precio de equilibrio gracias a indicadores intradiarios (*pivot point daily shifted*) o bien por el solo hecho de observar dónde el mercado se concentra más y por más tiempo durante el día. Cuanto más cantidad de veces oferta y demanda se consolidan en un determinado precio, más poder tendrá de equilibro el mercado. Las oportunidades de mercado intradiarias se generan cuando el precio está lo más lejos posible del precio de equilibrio. La especulación nace en ese momento único donde el mercado no se encuentra en equilibrio.

El mercado por arriba de su precio de equilibrio podría interpretarse como comprador o sobrecomprado. Generando, de esta manera, toma de ganancias y entrada de vendedores. Contrariamente, el mercado debajo del precio de equilibrio podría interpretarse como vendedor o sobrevendido. Los compradores estarán preparados debajo de los precios de equilibrio.

El mapa de precios de un determinado activo es el análisis del recorrido de órdenes entrantes a lo largo del tiempo. La base de la acción de precio es finalmente comprender la oferta y demanda de un activo determinado en un momento dado. La historia se repite a sí misma y el mercado financiero responde de la misma forma. La demanda de un activo a un cierto precio se repite a lo largo del tiempo cada vez que la oferta y demanda se acercan a esa misma cotización.

Existen teorías sobre las cuales se sustenta la acción de precio. El marco teórico que mejor explica la acción de precio es el conductismo. El mismo cúmulo de incentivos generará las mismas respuestas del mercado. Los datos macroeconómicos son los estímulos que finalmente provocarán las respuestas del mercado repetitivamente a lo largo del tiempo. La variable de los datos macroeconómicos no contempla la acción de precios. Los datos por sí solos no generan una conducta determinada en el mercado financiero. Cada dato es impredecible sobre cómo será considerado por el mercado financiero.

El recorrido del precio hace finalmente que el comportamiento del mismo se repita en el tiempo. Un activo de mercado, tal como cruces de monedas, commodities, índices, acciones, construye sus niveles de oferta y demanda a lo largo del tiempo. Las zonas de mercado podrán superarse en máximos y en mínimos, pero una vez alcanzando el equilibrio del precio tienden a mantenerse por años en sus zonas.

El ejercicio de generar el mapa de precios se hace una sola vez, luego basta con renovarlo al año siguiente. La principal ventaja de este marco analítico es operar el mercado dentro de zonas ya recorridas por la oferta y demanda. Sin embargo, el trader no debe confundir la base analítica de la acción de precio con estrategia.

TENDENCIA Y ZONAS DE MERCADO

El analista y el trader se desenvuelven en dos planos diferentes y no necesariamente alineados. Los analistas hablan sobre proyecciones y tendencias y cómo estas pueden predecir o adelantar movimientos de mercado. El analista utiliza indicadores económicos como base para sus predicciones. Las medias móviles, estocásticos, RSI y MACDs son solo algunas de las herramientas que ayudan a dirigir el análisis. Algunos analistas también utilizan la teoría de Elliott Wave para sus proyecciones.

Contrariamente, los traders ignoran proyecciones e indicadores y se concentran en la estrategia. Pero sí pasamos por una fase de análisis antes. El trader entiende que las proyecciones son sólo eso. Al momento de entrar al campo de batalla lo que importa es quien gana dentro de los 15 minutos de partida. Toda la atención se concentra en precios de entrada, precios de salida, zonas operativas, rangos y swings. Para un trader reconocer la tendencia carece de sentido operativo. Los analistas tienen parámetros de comportamiento, pero son los traders quienes finalmente arman una estrategia operativa.

En un comienzo relacionamos el mapa de precios con la tendencia, la razón es que hasta este momento tenías solo una forma de ver el mercado y era ayudándote con herramientas gráficas. Luego de pasar a utilizar el mapa de precios, el mercado cobra un sentido diferente. Los mapas de precios te ayudarán no solo a operar con la mayor precisión posible, sino además a estar preparado para momentos de transición de una zona de mercado a otra.

Hasta este momento no tenías las herramientas suficientes para leer los niveles de mercado en máximos o en mínimos y optamos por adelantarte a vender en máximos o comprar en mínimos. En el peor de los casos se activarían tus niveles de *stop loss* y problema resuelto.

Todo eso cambiará con tu experiencia operando con precios y, claramente, los cierres de pérdida con ordenes *stop loss* serán reemplazados por estrategias en cubierto de las que hablaremos más adelante. Los analistas colocan al mercado financiero en una perspectiva diferente y válida para los inversores que buscan oportunidades en tendencia. Las zonas de mercado, por otro lado, permiten que el trader tenga sus parámetros de precios definidos al margen de la tendencia.

Los niveles máximos, mínimos y las transiciones de una zona a otra son los datos que definen una zona de mercado. Las áreas de mercado comienzan a definirse a partir de marzo de cada año. A partir del tercer mes de actividad bursátil las monedas comienzan a posicionarse en sus zonas de mercado gracias a la masiva compra de divisas de los bancos, corporaciones y fondos.

Las zonas de mercado pueden ser de dos tipos: zona compradora o zona vendedora. Al referirnos a zona compradora, significa que el mercado entró masivamente en compra en un nivel específico de precio. Ese nivel nos dará información muy importante: niveles mínimos anuales. Luego, llegará a un nivel máximo que proporciona otro tipo de información: máximos anuales. Tendremos transiciones dentro de cada zona de mercado en su conjunto.

Una zona de venta es por defecto la caída del precio de una moneda base en un cruce específico de monedas. Las commodities e índices pueden también comenzar su año en zona de vendedores. Un área de venta no necesariamente se convertirá en zona de compra y viceversa. Un instrumento podrá estar operativo en su zona de venta o compra por años. La información que brindará la zona de venta son los máximos anuales y se espera que los mínimos continúen durante el año.

Las transiciones se deben al fenómeno de toma de ganancias o bien próximos nuevos impulsos de mercado. Una zona de transición podrá tener días hasta semanas en donde no generará movimientos adversos (consolidación). Usualmente, los momentos de transición se relacionan a los de consolidación de mercado y se producen luego de datos macroeconómicos de alto impacto o escenarios de corrección de mercado. La acción de precio explica que la consolidación o transición de mercado es un equilibrio temporal.

Los meses de enero y febrero generalmente no hay acumulación de órdenes de mercado. La falta de acumulación de órdenes hace que la volatilidad de mercado sea más importante y por otro lado más susceptible a que el precio no mantenga estabilidad compradora ni vendedora. En términos prácticos, cuando el mercado no logra sostenerse por falta de interés a que el precio suba, entonces caerá rápidamente y viceversa. El trader deberá tener mucha habilidad para operar estos meses del año con el precio.

Para ejemplificar las zonas de mercado consideraremos diferentes instrumentos para mostrar cómo se analiza una zona de mercado. Todos los instrumentos tienen sus zonas de mercado preestablecidas. Las acciones por su parte, también tienen niveles o precios de entrada y salida. De a poco las criptomonedas también tendrán sus precios definidos de entrada y salida o toma de ganancia. El historial de precios y el volumen de dinero operativo son la base para la definición de las zonas de mercado.

No entraremos en detalle de los fundamentos por los cuales los instrumentos operan en zona de compra o venta. En otro apartado, haremos mención a como la política monetaria, condiciones económicas, cambios de gobierno y demás escenarios son los que generan cambios de zona de mercado rápidamente. Una zona de mercado se conserva de marzo a marzo. Es decir, un instrumento que en marzo entra a zona de compra, permanece en esa área por todo el año. Lo que fue afectado a principios de marzo, solo condiciones extremas podrá cambiarlo.

En los siguientes apartados verás el mapa de precios de los cruces que tomamos para operar. Sin embargo, traté que esta información te sir va para que operes lo antes posible, y por lo tanto, los intervalos o gráficos que verás están en temporalidades de 4 horas y 1 hora. De igual manera son mapas de precios generales, cada día se operará con estrategias diferentes en función de la presión de mercado que te toque y si se trata de un día de dato de impacto.

Importante: Cuando los precios e intervalos propuestos a continuación expiren, se actualizará esta edición con los nuevos niveles en la medida que vayan surgiendo. Entra en contacto con nuestro equipo para recibir las actualizaciones de cada año.

¿Cómo hacer un mapa de precios?

Para hacer el mapa de precios utilizaremos una temporalidad de una semana a un mes. Necesitamos tener la más amplia visión de toda la actividad del precio en el instrumento a analizar. A partir de tener el gráfico listo lo primero es definir los máximos y mínimos históricos. Luego, vamos hilando más fino. Una vez que tenemos los niveles más importantes, paso siguiente es identificar qué nivel de precios divide los compradores de los vendedores.

Dicho de otra manera, siempre habrá un precio o precios que harán que el mercado suba o que baje. Ese nivel es el que necesitamos identificar lo mejor posible. Una vez identificado ese precio (o nivel de precios) procedemos a los intervalos. Los rangos o intervalos son esos swings diarios que el mercado completa en su actividad intradiaria.

El último paso del análisis se trata de darle un escenario al intervalo. Esto significa, todos los días el mercado es diferente. Tendremos días de venta y días de compra. La estrategia del trader en un día comprador será distinta a la de un día vendedor. Por lo tanto, el intervalo de precios es el mismo pero estratégicamente la operativa será diferente. Arriba de cada intervalo verás la palabra COMPRA o VENTA. Esto te indica que si el día abre comprador guíate por el intervalo con la palabra compara y si el día abre vendedor guíate por el intervalo.

Como el dólar americano, el euro tiene una importante presencia internacional muy importante. El euro es la moneda de trece países de la Unión Europea: Bélgica, Alemania, Grecia, España, Francia, Eslovenia, Irlanda, Italia, Luxemburgo, Países Bajos, Austria, Portugal y Finlandia. El euro es después del dólar americano, la moneda más transada a nivel mundial. Esta ha venido poco a poco tomando terreno frente al dólar.

Desde este punto de vista, el hecho de ser una moneda producto de diversas economías, le proporciona una estabilidad única. La moneda en sí, lleva intrínsecamente una de los principios más conocidos en las finanzas, la llamada diversificación. Esta cualidad ha provocado que muchos países adopten esta moneda como refugio de sus reservas internacionales. En los años 90, aproximadamente el 65% de las reservas internacionales estaban colocadas en dólares americanos, una vez que entró en vigencia el euro, esta proporción ha cambiado y actualmente existe una clara tendencia a favor del uso del euro como moneda de resguardo. La Unión Europea es al igual que Estados Unidos uno de los mayores socios comerciales de los países alrededor del mundo.

El Banco Central Europeo (European Central Bank-ECB) es el organismo responsable de determinar la política monetaria de los países participantes de la Unión Europea. El cuerpo de este organismo está conformado por un Presidente, un vicepresidente y cuatro directores principales.

EURUSD opera en zona de venta del 2015 al 2016 frente a políticas de estímulo monetario del Banco Central Europeo. La política monetaria actual es dovish, se conserva el cruce bajo presión vendedora. Veremos en otro apartado la injerencia que tiene la tasa de interés en una moneda. Mientras tanto vamos poniendo en práctica la creación del mapa de precios.

El anterior gráfico está tomado desde una temporalidad mensual. Para armar el mapa de niveles históricos tenemos que alejarnos en el tiempo lo máximo posible para apreciar toda la actividad del precio. Luego, para armar los intervalos dentro de la zona de mercado bajaremos a temporalidad de 4 horas. Este cruce tiene como base a la moneda euro, esto hace que la estrategia deba ser coherente a la política monetaria de la Unión Europea. Si el Banco Central en cuestión mantiene sus tasas de interés debajo de 1% y en negativo significa que están en ciclo recesivo.

Los intervalos de mercado son los que van formando de a poco la zona de mercado que mencionamos anteriormente. El objetivo de presentar cada intervalo es que se comprenda solo desde la lectura del precio como armar una estrategia en ese determinado rango o intervalo. Sin embargo, son cientos de intervalos los que forman una zona de mercado. Nos concentraremos en los intervalos más riesgosos y más importantes.

Cuando toque un día con un intervalo específico vas directamente a buscar ese nivel de mercado y ahí tendrás la respuesta. Más adelante te enseñaré como usar los pívots para que aprendas a armar una estrategia de mercado en simples pasos. Esta explicación del mapa de precios es para mantenerte fuera de peligro en intervalos riesgosos. No agregaré muchos gráficos en este apartado para que utilices los tuyos propios. Sigue las instrucciones de los mapas y coloca las líneas en los intervalos de precios sugeridos. **El mapa de precios completo de los instrumentos analizados se encuentra al final del libro.**

VELAS JAPONESAS

La actividad del precio debe de calcularse con herramientas que den forma al mercado de tal manera que sea de fácil lectura. Las velas japonesas cumplen esa función. Si imaginamos el mercado solamente con precios sin el acompañamiento gráfico se torna complejo definir una estrategia aunque el resultado debería ser el mismo. Si agrupamos en una fila todos los precios compradores y en otra todos los vendedores las estrategias de entrada y salida de mercado deben de reflejarse en las velas japonesas bajo el mismo resultado.

Los traders chartistas utilizan las formaciones de las velas como guía de comportamiento del mercado. Las formaciones de las velas varían de acuerdo a la temporalidad de análisis. Sin embargo, en la acción de precios las velas se utilizan como apoyo de la información recolectada por el trader al margen de la formación, patrones o temporalidad. Los precios compradores o vendedores seguirán siendo para comprar sin importar la vela que le antecede al gráfico. Este último dato es de extrema importancia. El trader con acción de precios se apoya en el cierre de la vela y no en los patrones o formaciones. Por lo tanto, no le damos nombres a las velas como se conoce en muchas teorías.

En conclusión, las velas japonesas son un sistema de lectura del precio del mercado que luego se refleja en el gráfico con dos variables principales: indecisión y continuidad. Las velas de indecisión son las comúnmente generadas cuando el precio de mercado no tiene actividad, es decir, vemos un precio pero no suficiente mercado interesado en entrar allí. Las velas de continuidad contrariamente son todas aquellas que si aportan información y el trader puede asumir la suba o baja del precio. Para operar sobre el precio la formación final de la vela es irrelevante; lo que debemos de prestar atención es al cierre de la misma.

Recordemos la formación de las velas japonesas:

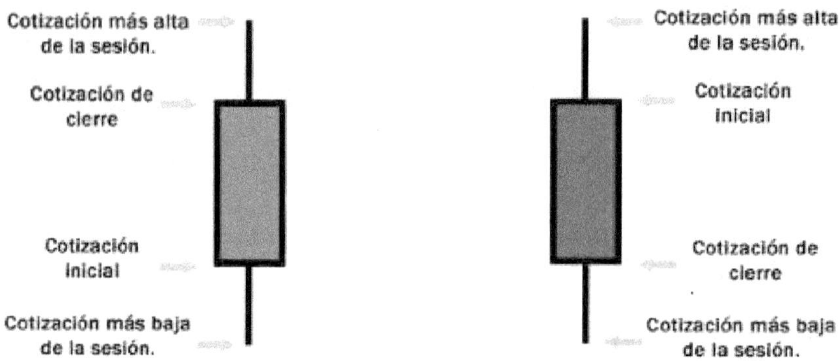

El cuerpo de la primera vela son compradores y el de la segunda, vendedores. La actividad del precio en torno al volumen es lo que prestamos atención. Cuando las velas japonesas comienzan a formarse presentan dos datos finales importantes: la apertura y el cierre. Si el mercado reacciona comprador en un determinado precio entonces el cierre de la vela será por SOBRE ese precio idealmente en temporalidad de 15 minutos para scalping. Este último concepto se llama precio confirmado. Si al contrario el cierre de esa vela es inferior al precio comprador, el mercado no encontró suficiente poder de compra.

Lo mismo ocurre con los precios vendedores. Cuando el trader detecta un precio de venta el cierre de la vela (en la temporalidad elegida) cerraría debajo de ese precio. Si la vela cierra superando ese precio entonces se deberá esperar una segunda formación o segunda oportunidad. Los precios son siempre iguales, la temporalidad gráfica solo hace mayor o menor la espera para la entrada. Ej: Si el precio de la onza de oro se encuentra en 1300 dólares, entonces cualquier formación de velas sea en 15 minutos al cerrar por arriba de tal precio confirma una compra.

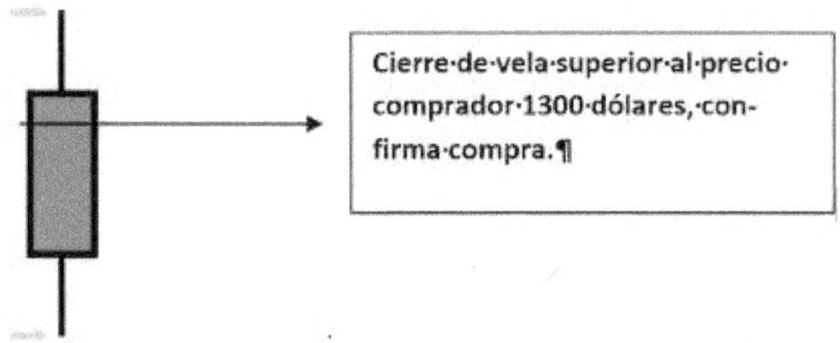

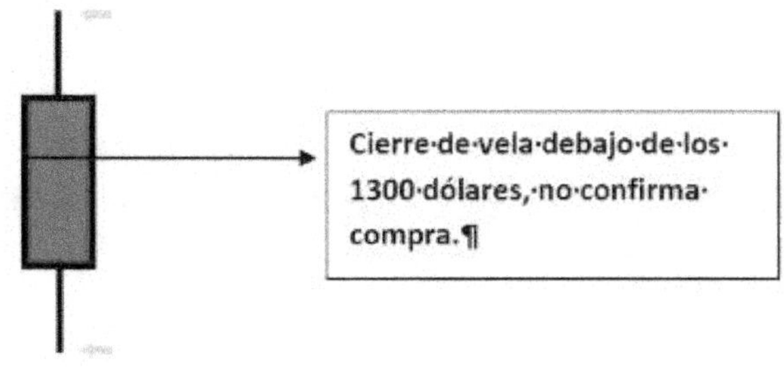

En ciertas situaciones las entradas a mercado podrán realizarse durante la formación de la vela sin esperar su cierre. La presión de mercado durante las horas activas o de mercado abierto, son generalmente el momento en el cual no tenemos el tiempo de espera necesario para entrar al cierre de las velas.

IDENTIFICACIÓN DE PRECIOS

Comienza la práctica con el siguiente ejercicio:

Selecciona el cruce EURUSD ahora traza líneas de precios sobre los precios mencionados en el mapa de precios y escribe al lado qué tipo de precios son en función del cierre que tengan las velas en esa zona de mercado en 1 hora. Lo primero que harás es retroceder en el tiempo buscando las fechas más cercanas para buscar el comportamiento del mercado sobre esa línea de tus precios. No intentes llegar con exactitud buscando el cierre de cada vela cada vez que llegó al precio del ejercicio. Lo importante es identificarlo de tal manera que sepas qué actividad de mercado tuvimos en torno a los precios que mencionamos.

Por lo tanto, verás que por ejemplo el precio 1.12 en EURUSD es un precio comprador. También notarás que superior a 1.12 el precio no logra sostenerse muy lejos, y luego verás que debajo de 1.12 la caída de los precios es también importante y se dirige en torno a 1.1180. Allí acabas de identificar un intervalo de mercado que se entiende de la siguiente manera: EURUSD debajo de 1.12 venta hasta 1.1180.

No intentes aturdirte con todas las velas de mercado que verás atravesar en una hora por tu precio en cuestión. Como traders intradiarios observamos toda la volatilidad pero a veces es solo eso, y no altera las condiciones del precio en cuestión. Nos interesa saber solamente si el 1.12 es un nivel de compra o mejor de venta. En torno a tu precio habrá siempre actividad de mercado superior e inferior. Tendrás cientos de sombras de velas que se presentaran para confundirte. Parafraseando un poco la volatilidad de mercado es como las ráfagas de viento que no necesariamente alteran la condición climática del mercado.

Piensa de manera estratégica, primero y antes de entrar a mercado visualiza tu entrada, piensa ambos escenarios. Al comienzo tu diálogo interno se verá un poco desorganizado, con el tiempo tu orden de preguntas será más limpio y rápido al mismo tiempo.

Aperturas de mercado y presión del precio

El precio de la apertura de mercado generalmente se sitúa en torno al precio promedio diario del día anterior. Tu primera entrada del día es la más importante, depende de esa entrada que tu scalping salga impecable o bien que es primera entrada trabe todo tu trading diario. La sesión del mercado comienza entre las 8 am y 9 am finalizando a las 5 pm. en el horario local en cuestión. La primera vela de 15 minutos de la primera hora de la apertura de mercado es la importante. Dependiendo de tu horario local debes considerar la apertura de Europa o la de los Estados Unidos como la más conveniente para operar.

En países de Latinoamérica nos toca la apertura de Europa entre las 4 am y 5 am. La apertura del mercado americano nos corresponde a entre las 8 am y 9 am en horario latinoamericano. Calcula con precisión los horarios de apertura del mercado que irás a operar. Sin embargo, de todo este rango horario solo las dos primeras horas presentan oportunidades de trading intradiario. Luego de las primeras dos horas el volumen operativo baja considerablemente y ya los intervalos empiezan a cerrarse.

En la segunda situación que se utiliza la expresión presión de mercado, es en niveles máximos y mínimos. El mercado intradiario tendrá un precio máximo y un precio mínimo, justo en ese momento cuando parece que el precio ya determinó tu intervalo diario, puede la presión de nuevas órdenes generar nuevos máximos o nuevos mínimos.

Cuando todos los indicadores de mercado comienzan a generar señales de venta, o sobrecompra, las medias móviles rápidas cruzan debajo de medias lentas, es allí donde vuelve la presión de mercado. Los indicadores no pueden adelantarse al precio, pero el precio siempre se adelantará a cualquier señal de indicadores.

Es fundamental que te dirijas a nuestro canal de YouTube y veas los videos introductorios. Te ayudarán al comienzo para interpretar las aperturas.

Por tanto para un trader intradiario poco sir ve la información del indicador. Cuando la acción de precio determina presión de compra durante el día y ya tenemos los máximos de la sesión, es probable que todos los indicadores den señal de venta. En ese momento donde el mercado está listo para tomar una reversión, el precio consigue nuevamente el máximo y aumenta la presión compradora. Por lo tanto, aquí tienes una importante regla de mercado sobre la acción del precio: los máximos intradiarios puede indicar más compras y los mínimos intradiarios pueden indicar más ventas.

Gráficamente podemos adelantarnos a deducir la presión de mercado del área gracias a las sombras de las velas japonesas. Difícilmente el trader preste atención a la información de las sombras de las velas, los traders que operan basado en velas únicamente utilizan la información del cuerpo. Sin embargo, una buena práctica sobre cómo saber qué presión de mercado tengo en el día es leyendo las sombras también.

Veamos algunos casos:

Nótese la vela rodeada en círculos del siguiente gráfico, su sombra superior es significativamente más importante que la inferior casi nula. En este caso nos indica PRESION DE VENTA dado que debajo de 1.3507 el mercado no se sostiene comprado en el cruce USDCAD. Por tanto, el comprador deberá tomar su ganancia compradora en la zona de 1.35 ó bien el vendedor podrá prepararse para entrar.

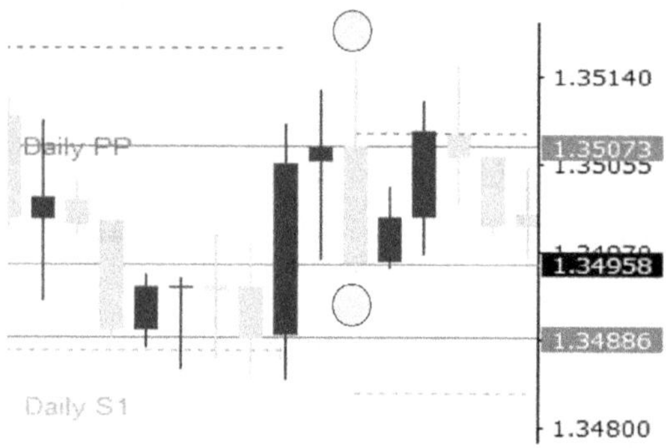

Vamos a otro ejemplo de cómo entender la presión de mercado en el intradiario. Aquí tenemos el gráfico de Oro (XAUUSD), la primera línea de abajo hacia arriba en 1280.23 marca las sombras inferiores, las cuales son más importantes que las sombras superiores. Ambos casos indican presión de compra sobre 1280.

La línea en 1288.12 indica el máximo de precio registrado sobre 1286, la segunda línea de arriba hacia abajo en 1285.98 marca el comienzo de vendedores del área. La conclusión para el trader intradiario es que arriba de 1280 el mercado se compra (presión compradora) en oro y debajo de 1288 no se sostiene comprador (presión vendedora). Ambos escenarios son útiles para planificar las entradas y puede detectarse de manera muy simple.

Por último, veamos el cruce EURUSD en los niveles mínimos más psicológicos del par. Entre las líneas marcadas en el gráfico de 1.1119 y 1.1122 tenemos las sombras más importantes del área. Una vez más, si el trader intradiario se encuentra vendiendo debajo de 1.1130 deberá tener presente la presión de compra entre los precios 1.1122 y 1.1119.

Al hablar de mercado comprado, nos lleva directamente al concepto de interés abierto (I.A.). Este concepto no es medible con indicadores, pero si con el precio. La principal intriga de los traders intradiarios es como darse cuenta si una posición de mercado puede sostenerse de un día al otro y cuando no.

INTERÉS ABIERTO

El IA es medible una vez más gracias al precio. El concepto de interés abierto es el más importante que aprenderás operando en intradiario. Identificarlo te llevará a comprender que niveles de riesgo poder tomar y por tanto aumentar tus ganancias. La formula es muy simple: precios de cierre de mercado superiores a los precios de apertura significa mercado sostenido o comprado. Al cerrar el mercado existen dos posibles caminos: mercado cierra sus posiciones y el precio cae o bien el mercado sostiene sus posiciones y cierra superior a su nivel de apertura.

La precaución que hay que tener al operar bajo el concepto de IA es que debe realizarse preferentemente con activos dentro de bull maket o mercados en compra.

Si estas en un activo o cruce bajo presión vendedora, por más que un día el mercado cierre comprado con interés abierto, posiblemente sea un caso aislado y luego el precio caiga nuevamente. Por tanto, no tomes este concepto de interés abierto con todos los activos.

Actualmente, dada las decisiones de política monetaria los cruces de monedas con base en Euro y Libra tendrán días de interés abierto, sin embargo, no están en mercados bullish o alcistas. Es importante identificar cuando y como utilizar la lectura de interés abierto y cuando no.

Si la Unión Europea entra en un ciclo de suba de tasas y la política monetaria acompaña al mercado, entonces las posiciones de los compradores tendrán más beneficio al mantenerse de un día o dos con interés abierto. Los cruces específicamente con YEN son los menos confiables en cuanto a interés abierto. Podrás sostener tu posición dos, tres hasta cuatro días, pero eventualmente la corrección ocurrirá. Por tanto, el trader intradiario saca mucha ventaja leyendo el interés abierto para poder sostenerse en el mercado por sobre las 24 horas, solo recuerda manejarlo con precaución.

Interés abierto es en conclusión "transacciones de mercado" que, dada la apreciación del día, dejaron la cotización más arriba de como comenzó.

Los inversores o traders no tendrían interés en sostener posiciones bajo la especulación que el precio caiga al día siguiente. Los precios al cerrar por debajo de su apertura no generan interés del mercado en sostenerse en posiciones abiertas.

Ejemplo de mercado con cierre a venta

Los primeros dos círculos en el siguiente gráfico son los niveles de apertura de mercado y los segundos dos son la horas de cierre. Cuando hablamos de apertura o cierre recuerda que se trata del inicio de la vela de 15 minutos de tu gráfico. En la primera imagen tenemos la primera vela señalada como venta, y la segunda vela como compra. Luego, los dos círculos últimos están sobre dos velas vendedoras. En este caso, el mercado europeo cierra casi igual o inferior a su apertura (círculo 3 de izquierda a derecha) y el cierre de mercado americano cierra casi igual o inferior (círculo 4) que sus aperturas.

Considera realizar el siguiente ejercicio: Entra sobre el cruce EURUSD y coloca tu gráfico en hora, luego analiza las últimas cuatro sesiones de mercado. Identifica la vela de apertura de Europa y la vela de apertura de Estados Unidos. Recuerda: solo necesitas una línea a la altura del precio del nivel de apertura de tu primera vela.

Seguidamente, identifica las velas de cierre de mercado de Europa y la de cierre de Estados Unidos. Anota en cada sesión en que días el mercado terminó con interés abierto (comprado) y en qué días cerró vendido. Repite el ejercicio con cuantos más cruces de monedas quieras. El precio de las commodities también pasa por este fenómeno. Este ejercicio te ayudará a automatizar rápidamente los niveles de apertura y cierre.

PIVOT POINT DAILY SHIFTED

El volumen (dinero transado) del mercado operativo en divisas incrementa en más del 20% año tras año. La fluctuación de los principales pares de monedas hace que el precio tenga una oscilación que sobrepasa la capacidad de lectura de los indicadores. La herramienta que efectiviza una estrategia de trading y elimina la lentitud de los indicadores tradicionales son los puntos pivots diarios. Los indicadores convencionales carecen de la rapidez de identificar oportunidades intradiarias. Los pivots diarios son el marco analítico sobre el cual se despliega el precio durante el día.

Son cada vez más los traders que operan con acción de precio utilizando los pivots diarios. A partir de este momento todo el entendimiento del mercado cambiará para los traders técnicos y fundamentales.

La fórmula del pivot point daily shifted es la única herramienta que servirá para el entendimiento del precio. El indicador, por sí solo, no genera señales de entrada y salida al trader. Ningún indicador cumple la función del ser humano en armar una estrategia de entrada. El pivot point es la única herramienta indispensable para todo trader que comienza a operar con el precio. Dentro de las diferentes fórmulas, la daily shifted es la más precisa para el trading intradiario.

La fórmula del indicador pivot point daily shifted sigue al precio con alta precisión intradiaria. El pivot point lo que hará es dividir el rango de trading del día entre compradores y vendedores. Dentro de las diferentes fórmulas, la daily shifted es la más precisa para el trading intradiario. El trader a partir de tal información sabrá en que niveles podrá comprar y en cuales vender. El pivot point daily shifted puede descargarse e instalarse en toda plataforma customizable y lo puedes encontrar en la página web de MQL5.com.

Se compone de tres niveles de resistencia, tres niveles de soporte y un pívot central. (Gráfico 9). Al ser una formula diaria, este indicador se irá desplazando mientras avanza el día. Por tanto, visualmente verás como las líneas de pivots van acompañando los precios y se van dividiendo cuando finalizan las 24 horas. No es necesario cambiar la configuración, vendrá por defecto en 8 horas shift. La fórmula que lo compone es la siguiente: precio máximo, precio mínimo, precio de apertura y cierre /3. Los valores que considera son naturalmente los de la sesión de mercado anterior. Por lo tanto, tus pivots son referencia de la sesión de mercado que apenas acaba de terminar.

El primer ejercicio una vez que tienes el pivot instalado es familiarizarte con las líneas que lo componen. Verás una línea gris central llamada PP, tres líneas verdes o llamadas soportes 1, 2 y 3 y por último tres líneas rojas debajo de la central llamadas R1, R2 y R3. Lo importante es saber qué precios comunican esas líneas, por lo tanto, coloca líneas desde la plataforma MT4 en pivot indicado. Con este indicador iremos de a poco familiarizándonos en el armado de una estrategia de entrada a mercado.

Una vez que finalizan las tres sesiones de mercado que componen un día de trading, comenzará a verse el pívot point nuevo. La interpretación del indicador, repetimos, no tiene ninguna relación con la estrategia final del trader. Sin embargo, el pivot point conduce la actividad de mercado para entender con mayor ventaja el rumbo del mismo en el día.

Como regla general, cuando el precio se encuentra por sobre el pivot central la presión del día será compradora e indicaría día comprador. Cuando el precio se encuentra debajo del pivot central, tendríamos, por el contrario, día de presión vendedora.

Los niveles de resistencia proporcionan dos tipos de información. Por un lado, informa que el precio llegó a máximos diarios, en segundo lugar sobre las posibilidades de esos máximos. Es decir, puede tratarse de máximo en R1, R2 ó R3.

Imagen de Pivot Points en instrumento DAX

En este apartado veremos la aplicabilidad gráfica que tiene. Así se verá tu indicador en gráfico en hora en el índice Dax. La imagen contiene tres días completos de trading divididos por el pivot y una última sesión que está comenzando. Una sesión de mercado son las ocho horas operativas del mercado bursátil de un país. Si juntamos la sesión de Asia, Europa y Estados Unidos completan 24 horas y por tanto verás las velas japonesas moviéndose dentro del marco de los pivots día tras día. Los precios por arriba del pivot central indican presión compradora hasta R1 dentro de la sesión de trading.

No necesitas de ninguna otra herramienta para armar tu estrategia, basta con seguir el posicionamiento del precio por sobre o por debajo del pivot central. Ya con tal información tienes lo suficiente para pensar en tu estrategia intradiaria. El pivot se verá de la siguiente manera. Sígueme en tu plataforma, las imágenes no tiene la mejor visión cuanto más amplias.

Ahora haremos un ejercicio analítico de cómo se interpreta la información de los pivots. Consideré un día cualquiera en el instrumento DAX y te cuento como se realiza el análisis.

Día 1: el precio en sesión asiática está debajo del pivot central (línea gris) indicando venta hasta S1 y S2 (líneas verdes inferiores). Luego, al comienzo de la sesión europea el mercado empezó a comprarse posicionando el precio por arriba de S1 indicando compra hasta S2, y luego hasta el pivot central nuevamente. Una vez arriba del pivot central llega hasta R1 (línea roja superior). Para finalizar la sesión el precio terminó arriba del pivot central, indicando que el día cerraba con el índice comprado (interés abierto) por arriba de los 11500 puntos.

Cuando el precio cierra arriba del pivot central indica que continuaría subiendo en las horas posteriores.

Día 2: el precio comenzó arriba del pivot central, esto indicó que el día es comprador. Luego en la apertura de Europa vuelve al pivot central y queda debajo del mismo. En ese momento comenzaron los vendedores hasta S1. Una vez el precio sobre S1 vuelve a indicar compra hasta el pivot central.

Dia3: el día comienza sobre el pivot central e inmediatamente después queda debajo de éste. Este caso es poco común pero es posible. De repente tenemos un precio por arriba del pivot central a compra e inmediatamente después pasa por debajo del mismo. El pivot point indicó que el día seria de venta y cae hasta S1 y S2. Luego, posiciona sobre S2 indicando compra hasta S1. Desde S1 pasa al pivot central. En conclusión el día cierra comprado.

En el siguiente ejemplo verás cómo es aplicable el pivot en un instrumento relativamente nuevo en el mercado financiero como es el Bitcoin.

Imagen del pivot point en Bitoin (BTC)

Aquí verás como el indicador ha dado correcta información para operar el BTC en el intradiario. Sin embargo, el volumen operativo es menor que el de los índices y las monedas. El precio en el gráfico anterior se ha mantenido en las últimas tres sesiones por arriba del pivot central con poco acercamiento a R1, a excepción de la sesión de mercado anterior, donde sí consiguió subir a R1 y R2. Por tanto, los compradores arriba de los pivot central han tenido excelentes jornadas superiores a los 4000 dólares el bitcoin.

¿EL TRADING DE CRIPTOMONEDAS ES LO MISMO QUE FOREX?

El mercado financiero ha aumentado considerablemente en la cantidad de productos financieros que se ofrecen hoy versus hace veinte años. Desde los ochentas, la desaceleración de crecimiento en países industriales, el aumento de productos financieros y la baja en tasas de interés ha sido la constante. La rentabilidad en ahorros ya no es la opción. La búsqueda de rentabilizar el dinero ha vuelto el mercado financiero como un participante clave en la economía internacional.

El riesgo de productos no regulados y apalancados puede generar crisis internacionales según la experiencia del 2008 (crisis de las hipotecas subprime). Las criptomonedas se han vuelto en nuevo jugador en la economía. La recesión del 2020/2021 ha acelerado el crecimiento de estos productos financieros. Los bancos centrales han dado indicios que mantendrán sus tasas de interés bajas y hasta negativas.

Según el profesor de la Universidad de Leipzig, Alemania Gunther Schnabl sostiene que la perspectiva keynesiana había adelantado que las tasas reales de interés naturalmente se inclinan a tener que caer. La política monetaria solo se adaptó a los cambios. La crisis 2020/2021 solo reforzó un proceso que ya se conocía. Las fuerzas exógenas de una crisis sea sanitaria o financiera no cambian las fuerzas que ya se estaban percibiendo años atrás. Los Bancos centrales no cortan las tasas por una crisis en particular, si fuera el caso tendría que subirlas en cuanto comiencen los signos de recuperación.

Si bien las monedas en el mercado Forex están respaldadas por un banco central, las criptomonedas no. El trading de criptomonedas es similar al de divisas, ya que ambos implican el intercambio de una instrumento financiero por otro. Sin embargo, el mercado de criptomonedas y el mercado de divisas están influenciados por diferentes factores.

El mercado de divisas es el mercado financiero más grande del mundo, incluso más grande que el mercado de valores, con un volumen diario de $ 5.1 trillones, frente a $ 84 mil millones para acciones de todo el mundo, según la Encuesta trienal de FX y OTC del Banco Central de mercados de derivados. El mercado Bitcoin actualmente mantiene una capitalización de casi 1 billón a la fecha (2022). Para datos actualizados de capitalización de todas las criptomonedas ingresa al siguiente link:

https://coinmarketcap. com/es/currencies/bitcoin/

Para entender las criptomonedas, es necesario contemplar desde donde surgen. El motivo de ello es que cómo son activos tecnológicos, es necesario tener un primer acercamiento a la tecnología en la cual están basadas para comprender el universo de posibilidades que se extiende. Lo cierto es que estas tecnologías han llegado para quedarse y buscan hacerse lugar más allá del mundo de las finanzas. En este capítulo, abordaremos las principales características y consideraciones del mundo financiero.

Surgimiento

Las primeras preguntas que surgen son ¿qué es Blockchain? ¿cómo funciona?

Blockchain significa cadena de bloques y, en la práctica, imita una continuidad de bloques unidos entre sí con la misma información. Expertos lo han descrito como un libro mayor - en términos contables- que funciona como un registro compartido e invariable.

Don & Alex Tapscott en su libro Blockchain Revolution lo definieron como "un libro de contabilidad digital incorruptible de transacciones económicas que se puede programar para registrar no solo transacciones financieras, sino prácticamente todo lo que tiene valor". El término "cadena", deviene de que cada bloque de datos se encuentra asociado y protegido entre sí, donde la participación de los usuarios, está vinculado a los bloques. Esta tecnología registra, conserva y protege la información de cualquier tipo de operación digital que ocurra allí, sin intervención de terceros.

Las transacciones que se registran pueden ser de tipo tangibles (una casa, un auto, dinero en efectivo, terrenos) o intangibles (propiedad intelectual, patentes, derechos de autor, marcas). Estas transacciones, no son verificadas por un tercero, sino a través de una red de nodos (computadores conectados a la red).

En la práctica, puede usarse en múltiples industrias para el intercambio de dinero, el registro contable, la trazabilidad de productos en la cadena de suministro, la gestión de historias clínicas y de identidad, planes de fidelización, contratos y resolución de controversia, etc. Esta tecnología registra cada nueva transacción a medida que ocurre, y cada copia de la cadena de bloques se actualiza en simultáneo con la nueva información, manteniendo todos los registros de información idénticos y precisos. Existen dos vías de validación de transacciones principales para evitar operaciones fraudulentas. Estas técnicas de validación son prueba de trabajo o prueba de participación.

Una vez introducida, la información no puede ser eliminada, sólo se podrá incorporar nueva información, porque los bloques están conectados entre sí a través de cifrado criptográfico, por lo que modificar datos de un bloque anterior a la cadena resulta imposible, ya que se tendría que modificar la información de los bloques anteriores. Si hay que hacer un cambio, éste se registra y verifica en un nuevo bloque que se añade a la cadena. Cada nuevo bloque refuerza la verificación del bloque anterior y, por tanto, de toda la cadena de bloques. El bloque también contiene el hash del bloque anterior en la cadena. Esta es la columna vertebral de una cadena de bloques pública.

Esta tecnología "blockchain", ha transformado procesos en diferentes sectores económicos, científicos y entre otros. Esta tecnología aplicada, permite a las empresas la posibilidad de crear procesos más ágiles, eficientes y rentables.

La tecnología Blockchain reúne ciertas características, como la transparencia (información visible para todos los participantes y no puede ser alterada), seguridad (debido a la naturaleza de la encriptación y distribución de información), reducción de intermediarios (es una red entre pares, entonces reduce la participación y dependencia de terceros), trazabilidad (por la naturaleza inalterable de la información, facilita el seguimiento y rastreo de artículos y procedencia), automatización (ejecución de las transacciones programable, permite activar automáticamente acciones, eventos y pagos una vez que se cumplen condiciones) y privacidad (información se verifica y añade al blockchain a través de un proceso de consenso, traduciendo los datos en una serie de letras y números mediante un código hash. Los participantes de la red no tienen forma de traducir esa información sin una clave).

Existen cuatro tipo de redes Blockchain, los cuales, de acuerdo al tipo de transacción y entidad/ individuo que lo implementa, es el más adecuado de aplicación:

- Blockchain público: Todas las transacciones que operan aquí son públicas y los usuarios pueden mantenerse en el anonimato. Bitcoin y Ethereum, son las redes públicas más conocidas.
- Blockchain privado: el blockchain privado está controlado por una sola organización, quien determina quién puede leerlo, presentar transacciones en él, y participar en el proceso de consenso.
- Blockchain semiprivado: Es llevado a cabo por una empresa que le concede acceso a cualquier usuario que satisfaga los criterios preestablecidos. Generalmente se aplican en business-to-business y aplicaciones de gobierno.
- Consorcio: Es el modelo más aceptado para los negocios, este tipo de blockchain tiene un proceso de consenso y es controlado por un grupo preseleccionado.

¿Qué son las criptomonedas?

Una de las principales preguntas que surgen al momento de hablar de criptomonedas, es ¿Qué es una criptomoneda? De ella derivan múltiples preguntas cómo ¿De dónde vienen?, ¿Cuáles existen?, ¿Cuál es su valor?, ¿Cuál es conveniente?, etc.

Las criptomonedas son una divisa digital que pueden funcionar como medio de intercambio o como reserva de valor. Esta última opción, ha sido elegida por muchas personas ante los contextos de volatilidad económica y crisis, como la sucedida desde el inicio de la pandemia en marzo de 2020.

La particularidad -y controversial- de las criptomonedas y que las convierte en inversiones de alto riesgo, es que no existen físicamente, no cuentan con un respaldo y no tienen regulación alguna. De ahí una de las características cómo "descentralizada". Se trata de dinero virtual cuyo precio es fluctuante, variando constantemente, de acuerdo a la presión de la oferta y demanda.

A diferencia de las finanzas tradicionales, las criptomonedas, suelen tener un suministro predecible determinado por un algoritmo. Muchas criptomonedas están codificadas para incluir un límite en este suministro.

Las criptomonedas, se basan en la red blockchain. Cada una de las criptomonedas funcionan con su propio algoritmo, el cual permite gestionar la cantidad de nuevas unidades que se emiten.

Hay más de 5000 criptomonedas diferentes en circulación. Existen dos redes de Blockchain más conocidas – y grandes por capitalización de merca- do – que tienen sus propias criptomonedas, las cuales son Bitcoin (BTCUSD) y Ethereum (ETHUSD). No obstante, cada red contiene características similares y diferentes por el uso y aplicaciones. Desde poco antes de 2020, las criptomonedas, se encuentran en auge, no solo por su valor, sino que el uso de las tecnologías y funcionalidades, han adquirido una gran centralidad en el mundo de las finanzas, negocios y comercio mundial.

En el caso de las criptomonedas BTCUSD y ETHUSD, desde finales de 2020 han alcanzado valores récords en sus precios, con auge y caída en los mismos. Ello ha sido producto de varios factores como la búsqueda de individuos por obtener rendimientos, la aceptación como vía de intercambio en transacciones de compraventa de bienes y la aceptación institucional a gran escala en un período de tiempo muy corto.

El BTCUSD, actualmente, se puede utilizar para adquirir productos o como instrumento de inversión. La forma de adquirir por ejemplo, un Bitcoin, puede ser mediante la compra con dinero tradicional o bien a través del proceso de minería.

La minería es la forma en que se lanzan nuevas unidades de criptomonedas al mercado, generalmente a cambio de validar estas transacciones por el bloque.

En sus inicios, la naturaleza desreguladora y de alcance mundial, sirvió para que muchas organizaciones criminales dispongan de este activo para el lavado de dinero, financiación y realizar sus transacciones de manera anónima.

El auge de las criptomonedas, se debió a un proceso en el cual, paulatinamente, las mismas han obtenido un respaldo institucional e individual y dejaron de ser únicamente asociadas a las organizaciones criminales. A su vez, con el desarrollo de aplicaciones móviles que permiten la compraventa de criptomonedas en cuestión de segundos, la adopción de las mismas se ha intensificado.

¿Qué es Ethereum?

Si bien Bitcoin es la primera criptomoneda y la de mayor capitalización del mercado, la segunda criptomoneda de mayor capitalización es ETHUSD, que corresponde a la blockchain de Ethereum. Ethereum surge en 2013 por su creador Vitalik Buterin con el objetivo de expandir la utilidad de las criptomonedas permitiendo a los desarrolladores, crear otras aplicaciones de diversa funcionalidad llamadas "aplicaciones descentralizadas" o dapps. Éstas son autoejecutables y utilizan los contratos inteligentes. La particularidad de Ethereum, es que su tecnología ha permitido el desarrollo de aplicaciones especiales.

Ethereum, entonces, es una plataforma en blockchain que representa mucho más que la criptomoneda. A diferencia de muchas otras criptomonedas, ETHUSD tiene un suministro ilimitado, lo que implica que no hay límite para la cantidad de ETH que puede entrar en circulación. Algunas de las utilidades de la blockchain Ethereum son interactuar con aplicaciones descentralizadas, crear contratos inteligentes y creación de NFT (Tokens no fungibles).

Los contratos inteligentes (o smart contracts) son programas basados en código que se alojan en la blockchain de Ethereum. Estos contratos permiten la automatización de ciertas funciones, cuando se cumplen condiciones predeterminadas. Algunos ejemplos pueden ser el envío de una transacción cuando se cumple determinada condición; prestar fondos una vez cumplidas las garantías o depositadas en una billetera designada.

Los contratos inteligentes forman parte de la base de todas las aplicaciones descentralizadas o "dapps" creadas en Ethereum. Éstas, son aplicaciones descentralizadas que utilizan blockchain para vincular a los usuarios sin intermediarios y se concreten acuerdos. El sistema corroborará la validez de cada interacción a través de un contrato inteligente. Las Dapps, pueden ser juegos, redes sociales y finanzas a medios de comunicación, seguridad y salud. En este sentido, también ha surgido la creación de organizaciones autónomas descentralizadas (DAO) y el ecosistema financiero descentralizado denominado "DeFi".

Los NFT (Non fungible tokens) son comúnmente conocidos como certificados digitales de autenticidad realizados mediante la tecnología blockchain. Estos certificados, certifican la autenticidad de archivos digitales, como una imagen, un vídeo, un audio, un texto o un archivo comprimido determinado. Estos bienes digitales, registran en la blockchain con una identificación, con la autoría, su valor inicial y su historial de transacciones. Este tipo de bien digital, no se puede duplicar, ni se puede reemplazar por otro.

El uso de los smart contracts de Ethereum son utilizados para automatizar la compra, venta, el intercambio de estos tokens, o el funcionamiento de las transacciones de "plazos fijos" y "préstamos".

La red Ethereum introdujo una actualización llamada Ethereum 2.0, que tiene como objetivo alcanzar mayor velocidad, eficiencia y sea más escalable al migrar el sistema de verificación de una prueba de trabajo a una prueba de participación (PoS).

Este nuevo sistema, involucra a los usuarios de la red, donde los mismos bloquean sus monedas para convertirse en contribuyentes de la red, en lugar de utilizar equipos de minería (mayores costos de adquisición y de uso de energía). La participación puede ser individual o en bloque. De manera individual, cada participante debe bloquear 32 éteres. La participación en bloque, es mediante la conformación de un grupo de individuos donde este grupo de participación, combine su éter con otros, creando nuevos bloques en la blockchain.

Finanzas DeFi

En este universo tecnológico-financiero, han surgido las Finanzas Descentralizadas, o también conocidas como "Finanzas DeFi". Éstas, son un conjunto de aplicaciones basadas en redes 'blockchain' que, en principio, no precisan de la intervención de terceros para funcionar. De acuerdo al Foro Económico Mundial, el objetivo de las DeFi es "transformar las formas tradicionales de financiación mediante la reconstrucción y reinvención de los servicios". En este sentido, definen que las DeFi son "contratos financieros basados o con soporte de tecnología "blockchain", por tanto inscritos en una blockchain inmutable".

Expertos argumentan que estas aplicaciones tienen como objetivo un sistema financiero abierto, transparente, seguro y lejos del control de intermediarios. Es común oír que los defensores de esta tecnología, contraponen el sistema financiero tradicional sobre las redes blockchain, caracterizando a los primeros como centralizados, con intermediarios, poco confiables y fuera del alcance de muchas personas.

Las aplicaciones DeFi se desarrollan en redes blockchain públicas como Ethereum. Entre los casos de uso, estarían los préstamos, el intercambio de monedas o la ganancia de intereses. Aún así, este tipo de aplicaciones y usos, no cuentan con regulaciones claras que definan beneficios y mitiguen riesgos. El atractivo sin duda es alto, por lo novedoso y la facilidad que aportaría al mundo de los negocios, sin embargo la falta de regulación, estructura y respaldo, lo mantienen, al igual que la mayoría de las inversiones en cripto, con niveles de riesgo.

La interacción en las aplicaciones DeFi, ocurre entre usuarios - plataformas, o bien, usuarios - usuarios. Los productos más conocidos dentro de las DeFi, son los exchanges descentralizados como Uniswap, los protocolos para préstamos cripto como A AVE.

Stablecoins

Las Stablecoin, son un ejemplo de las DeFi. Su nombre se traduce en monedas estables y son criptomonedas que tienen el mismo valor, el cual no fluctúa. Su valor, está asociado generalmente, por ejemplo al dólar o al euro. También pueden estar asociados a bienes materiales como el oro, inmuebles, o a otra criptomoneda. También existen algunas Stablecoins que están controladas mediante algoritmos para mantener un precio estable. Estas criptomonedas, han surgido tras el contexto de altísima volatilidad y barridas de mercado, donde su objetivo se desarrolla en la búsqueda por reducir los efectos y riesgo de la volatilidad de tradicionales BTCUSD o ETHUSD.

Panorama actual y análisis de precios

La evolución tecnológica ha permitido el desarrollo de un universo digital donde se han encontrado soluciones o mejoras, a procesos tradicionales. No es sorprendente, puesto que es el rol y definición por sí misma, de la tecnología en nuestro mundo.

No obstante, estas tecnologías en el área de las finanzas, pueden repercutir tanto en forma positiva como negativa. El peligro de las transacciones de criptomonedas, es que la falta de regulación, respaldo y la mera especulación, provoquen una burbuja financiera. Cuando esa burbuja estalle, provocará también efectos en el sistema financiero tradicional, demostrando como mínimo, que la regulación o normativa permite estabilidad en algunos sentidos.

Los aspectos que podrían considerarse como "positivos" como la descentralización y "democratización" tienen su contraparte "negativa", donde no habrá responsables, garantías ni seguridad ante las pérdidas.

Si bien estos aspectos negativos son bien conocidos para cualquier tipo de inversión, son parte del actual panorama financiero. Como todo evento especulativo, hay que estar dispuesto a que el resultado no sea beneficioso para uno.

Si las transacciones cripto continúan siendo meramente especulativas, entonces cuál será su verdadero rol en el futuro? Serán monedas de cambio ampliamente aceptadas para la compra de bienes? ¿O mantendrán su actual rol?

Defensores de las criptomonedas argumentan la posibilidad de acceso a todas las personas, pretendiendo ser un mercado "democratizado". No obstante, el acceso continúa siendo altamente segmentado a personas con acceso a la información. No sólo a información de este universo tecnológico, sino a información y herramientas financieras.

En ocasiones se observa una apuesta a las criptomonedas como vía rápida para obtener resultados. Las personas generalmente destinan su dinero a plataformas con promesas poco viables, con costos de ingreso elevados, no con- templan los riesgos que implican las inversiones cripto –como todas en general–.

Diversificar las inversiones, instruirse y comprender las posibilidades de pérdidas, son tres bases que se deben considerar antes de iniciarse en ésta área. Mientras el valor de las criptomonedas se encuentre ligado al interés especulativo de los inversores, cualquier evento, declaración de compañías internacionales o personalidades o rumor, el valor se verá afectado.

Metaversos

En la medida que las innovaciones continúan remodelando el sector de las criptomonedas, nuevos proyectos continúan desarrollándose para irrumpir en el amplio espectro tecnológico. Los metaversos son la combinación tecnológica de diversos y múltiples elementos como la realidad virtual, la realidad aumentada, creación de contenido y, en otras palabras, la "vida" dentro de un universo digital. Los defensores de los metaversos, alegan la posibilidad de que la experiencia de los usuarios incluya trabajo, juego, viajes, experiencias multisensoriales y conexiones virtuales en estas plataformas.

Meta (ex Facebook) y Microsoft, son dos ejemplos de compañías que ya se encuentran desarrollando sus tecnologías para incorporarse al metaverso. Descentraland es una plataforma de realidad virtual, que se encuentra basada en un smart contracto de la blockchain Ethereum. En este mundo virtual donde además de tener una "vida virtual", se puede transaccionar el token LAND, que representa la propiedad de un terreno en la plataforma. A su vez, en esta plataforma, se puede intercambiar la criptomoneda MANA, la cual permite la adquisición del token LAND.

Estas plataformas implican una superposición del "plano físico" fuera del universo tecnológico y el "plano digital" dentro de este universo. De esta manera, buscan entrelazar los aspectos de la vida real en la vida digital. Nuevamente, se pone en jaque el concepto de "accesibilidad". ¿A qué se debe? A que la promesa de la digitalización universal continúa centrándose entre quienes posean acceso a estas herramientas, el conocimiento y, por último pero no menos importante, el acceso al dinero *digital* para la pertenencia a estos espacios.

Cuestionamientos a ello surgen a raíz de la réplica en los términos de desigualdad, accesibilidad; funcionalidad y qué rol ocupará este plano digital en contraposición con el plano físico y hacia dónde nos llevarán –o nos llevaremos– los avances tecnológicos en materia económica, social, ecológica y financiera.

Si bien el futuro no está escrito, la tecnología que actualmente se está desarrollando, nos llevará a un lugar que sin dudas es desconocido y pondrá en jaque todo lo conocido hasta el momento.

Precios BTCUSD actualizados 2020-2021

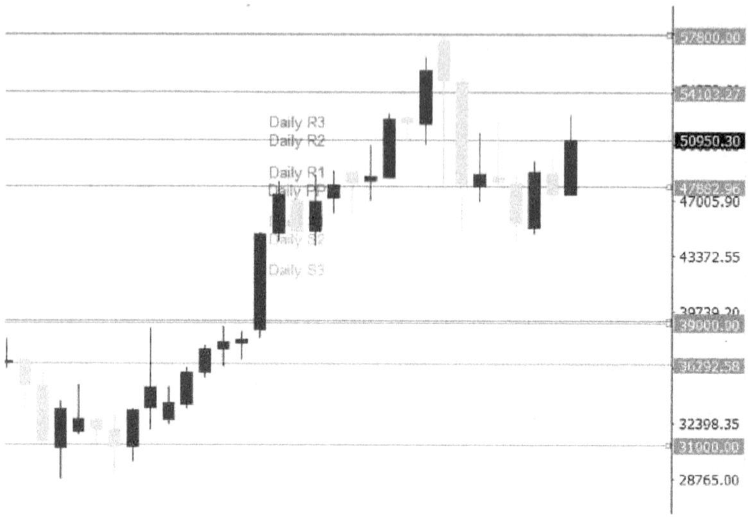

Los mercados de criptomonedas son relativamente nuevos por lo tanto están en plena formación de sus niveles de oferta y demanda. La demanda de bitcoins ha sido constante desde el 2020 a la fecha. El máximo anual de momento se mantiene en los 57.800. Frente a ese máximo la corrección fue hasta los 45.000. A partir de 45.000 la demanda comenzó nuevamente llevando las cotizaciones casi de manera ininterrumpida hasta los 50.000. Este nivel podría generar presión compradora y ya nuevamente dirigirse a los 55.000 y 57.000.

En el gráfico utilizando anteriormente se utilizó una temporalidad gráfica de un día. Claramente puede verse como el mercado cae a su pivot central (línea gris) y a partir de allí surgen los nuevos compradores. De momento se espera que el precio máximo anual sea superado eventualmente. Dependerá mucho de las movidas y compras institucionales. El mercado minoristas permanecerá operativo entre los 45.000,50.000 y 55.0000.

ESTRATEGIA

Finalmente llegamos a reunir las partes y a converger el conocimiento en la estrategia final. En este segmento aislaremos todo lo relacionado a pivots y zonas de mercado para luego armar una estrategia de entrada uniendo las partes. Se entiende por "estrategia" a la planificación previa para abordar las oportunidades de mercado. Una entrada cambiará frente a diferentes escenarios tales como: datos de alto impacto, consolidación, mínimos, máximos y largo plazo.

Para el trader intradiario, la planificación difiere si la entrada se hará con un dato macroeconómico o un día de mercado sin información de alto impacto. El trader que opera a largo plazo deberá considerar los mínimos y máximos semanales y mensuales.

> **Lo primero a saber es que para armar una entrada necesitas tener los tres PPP fundamentales: precio de entrada, precio de salida y precio de expiración. Lo fundamental en esta fase es tener absoluta claridad del precio de ejecución.**

Muchos intervalos intradiarios de mercado tienen uno o varios precios para entrar que llevarán al mercado al mismo resultado. Una vez que se entra al mercado el trader pasará a una fase de mucho control emocional.

El factor de volatilidad intradiaria es una barrera para el trader intradiario que deberá enfrentar con absoluto control. Al armar una entrada a mercado recuerda que se trata de una apuesta en un precio determinado. Por ejemplo decides armar una entrada en EURUSD a compra en 1.1012, pero el mercado puede jugarte en contra y comienza a comprarse recién por el 1.10. Tu entrada está correcta pero tendrás que tener paciencia y esperar la caída para luego ir por tu posición.

Típico error es someter tu trading entrando a todos los precios posibles compradores. Muchas órdenes en los mismos niveles de precios no son convenientes. Si ya entraste a mercado apostando a un precio, no repitas la operación si continúa bajando o a la inversa si entraste venta.

Para el trader intradiario, la acción de precios implica seguir la presión de mercado del día. Muchas oportunidades podrán ir en contra de la presión de mercado diaria. De esta manera, se comprende como el largo plazo implica ver el mercado desde una óptica diferente. Al trader intradiario no le afecta la presión de mercado diaria.

Las entradas a mercado a largo plazo requieren otro tipo de análisis y generalmente se planifican contrariamente a la acción de precio. En este escenario, el trader se enfrenta a riesgos diferentes al mantener una orden flotante en mercado entre quince días, un mes o tres meses. Para lo cual, el mercado debe presentarse en niveles psicológicos importantes.

Al entrar a mercado nuestra posición no se hará positiva rápidamente, sobre todo cuando no operamos sobre un dato macroeconómico. La fluctuación del precio en torno a la orden ingresada, es normal siempre que se entienda el límite de oscilación. La orden tendrá vigencia mientras no expire. Volviendo al ejemplo anterior una compra en 1.1012 podrá oscilar (caer) hasta incluso 1.10 y más.

El cruce euro contra el dólar es el más transado en el mundo, cuando el euro entro en vigencia en el año 2001. La moneda comenzó a circular por 16 países. A partir de entonces gana terreno en el mercado de contratos por diferencia gracias a su volumen operativo intradiario y su spread altamente competitivo. Como se mencionó en un comienzo, el trader intradiario tendrá más rendimiento en su operativa sobre las primeras dos horas de mercado.

Se comprende al concepto de trading intradiario operar solo en el marco horario de mercado activo. No significa que la posición deba permanecer flotante 24 horas, por el contrario, implica que durante una sesión de mercado se entrará las veces que rinda el volumen. Generalmente, solo las primeras dos horas de apertura son las más activas para el mercado, a menos que se opere un dato macroeconómico en horarios de mercado cerrado (solo minutas de la FOMC).

Para comenzar a identificar la acción de precios, el trader necesita apoyarse del sistema de lectura de velas japonesas. Las velas japonesas son la herramienta más antigua del sistema financiero y aún es aplicable a la acción de precios. Si bien, centramos la atención en el precio, recordemos que el mismo tiene una fluctuación a la cual debemos darle forma. Para esto, utilizamos el cierre de la vela en su temporalidad gráfica de quince minutos. Lo que medimos es el cierre de la misma. Esta parte la explicamos en el segmento de velas.

Los precios de mercado los tendrás previamente identificados gracias al mapa de precios que vimos más arriba al comienzo. Sin embargo, el cierre de la vela determinará su "confirmación" o no de tu precio de entrada. Si el intervalo de precios del día es desde el punto A al punto B, entonces nuestro precio debe estar dentro de ese rango o intervalo.

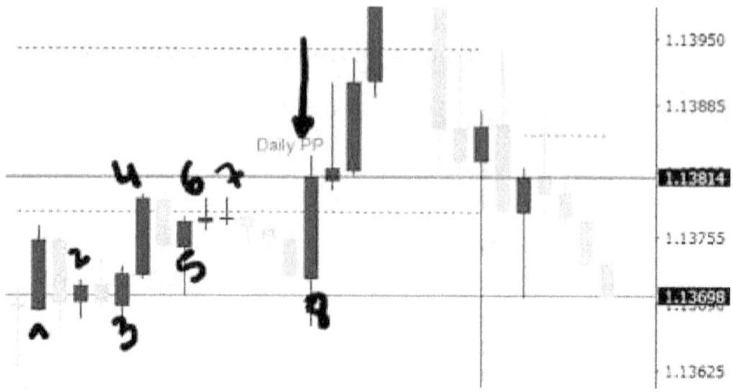

Si tenemos identificados los precios de compra o los precios de venta, entonces solo resta esperar la confirmación y las tres PPP para armar el resto de tu entrada. Si el mercado abre comprador, entonces la vela japonesa deberá cerrar por arriba del precio de compra. Como se ve en el ejemplo: la octava vela negra o azul en compra es la de apertura de Estados Unidos, al momento que cierra la vela lo hace por arriba del pivot point central.

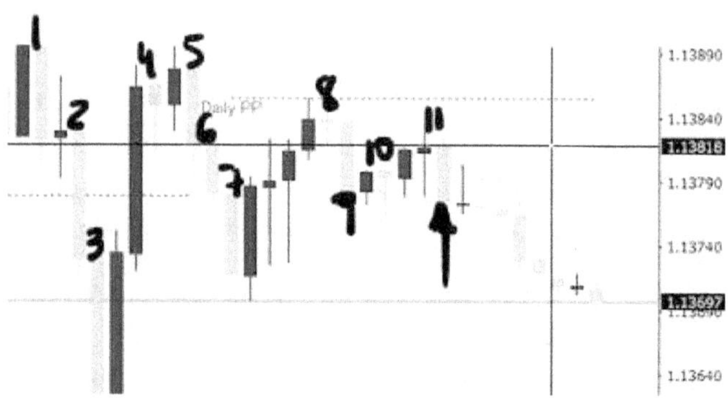

Por el contrario, si la presión del día es a la venta, como muestra el gráfico superior. La confirmación se verá tal como se muestra aquí: la vela vendedora gris número 11 es la apertura americana, que cierra debajo de 1.1380 confirmando el mismo precio del ejemplo anterior, pero en este caso a venta.

La temporalidad utilizada para el scalping debería ser entre diez y quince minutos. Una temporalidad menor es posible, pero la fluctuación del precio haría perder concentración. Si la apertura de mercado de Europa comienza con fuerza compradora, debería esperarse los primeros quince minutos antes de entrar. A partir de allí, cualquiera de los quince minutos siguientes es válido para esperar la confirmación. El trader podrá encontrar apoyo con los pivots para determinar la fuerza de mercado del día. Recordar que los pivots no arman la estrategia, son solo una guía de la actividad del precio.

El segundo dato que necesitamos, luego de identificar el precio de entrada, es el target o precio de salida. El precio target no debe improvisarse o pensarse luego de ejecutar la entrada. Es fundamental que esté delimitado antes de entrar a mercado. El precio de salida, target o toma de ganancias será un precio donde sabemos que el mercado realizará un rebote. Una entrada compradora tendrá por defecto un target donde ya sabemos que el mercado no logró sostenerse en esos niveles con anterioridad.

Planificar una compra no equivale o significa que el target o precio de salida será necesariamente un precio de venta. Por tal motivo, el trader debe establecer dos targets o posibles niveles donde alcanzará su compra.

Una entrada en venta es, por defecto, un nivel de precios donde entrarán posibles compradores. Es fundamental establecer dos posibles targets o precios de salida de la posición vendedora. Un target o precio de salida de la venta, no será necesariamente un precio de compra.

ESTRATEGIA SOBRE DATOS MACROECONÓMICOS

Lo primero para saber sobre los datos de alto impacto es que, no todos tendrán impacto en el mercado. Los calendarios macroeconómicos, por defecto, tendrán toda la información que le interesa al trader para operar el mercado. Sin embargo, solo algunos de estos datos tendrán impactos realmente operables.

Los calendarios publican información que no necesariamente son relevantes para el mercado financiero. La información publicada por los países de sus indicadores económicos, tendrá un impacto directo sobre sus monedas. La clasificación del impacto en alto, medio y bajo tendrá relación directa con oportunidades de mercado, sin embargo, no siempre es así. A pesar del esfuerzo de los portales de noticias de tener la clasificación más precisa del impacto del dato final, solo el mercado determina la relevancia de la información.

Es recomendable que separes los datos y hagas tu propio calendario así como lo hemos hecho en nuestro sitio: https://watchmytrading.com/calendarios/ Separa los momentos del día que tienen impacto y los datos que se presentarán en horas indicadas. Puedes tomar como referencia a Forexfactory.com o bien Invesing.com. Pero recuerda, no estés esperando que cada supuesto alto impacto sea un escenario de oportunidad para ti. Los días de elecciones en los países también serán de impacto en el mercado. Las elecciones que sí debes seguir de cerca son:

Estados Unidos, Alemania, Francia y Reino Unido. Esos países trazan la cancha en lo que respecta fuertes movimientos en el euro y el dólar. Desde los últimos diez años, los datos que generan mayor volatilidad e impacto en el mercado son:

- Dato de empleo no agrícola de los Estados Unidos y tasa de desempleo (publicado simultáneamente)
- Tasas de interés del país en cuestión
- Ventas minoristas - Balanza comercial - PMI (mismo nivel de impacto)
- Minutas de la reserva federal de los Estados Unidos
- Discursos de Presidentes de Bancos centrales (sólo aquellos que presentan el estados de situación de la economía en algún evento abierto o con prensa)

Para operar datos de alto impacto los traders en acción de precios ignoramos los pronósticos y datos de meses anteriores, solo nos concentramos en la estrategia. Bajo ningún motivo asumimos o especulamos nuestra estrategia bajo el posible resultado de los datos. El mercado descuenta el impacto. Ya la noticia tiende a ser absorbida por el mercado un día antes. Por tanto, el día de la publicación se trata solo de una toma de ganancias o bien nuevos impulsos que ya se traían de antes.

Hay días de publicaciones de alto impacto que no necesariamente son números de indicadores de la economía. Por ejemplo, discursos de Presidentes de bancos centrales, testificaciones de miembros claves en la economía de un país, minutas de bancos centrales, discursos sobre temas relevantes, son apenas algunos de los escenarios que se presentarán oportunos para operar el mercado y no son necesariamente indicadores económicos.

Cuando operas sobre datos de alto impacto, verifica si se trata de un caso de discurso sobre temas relacionados en política monetaria. Personajes de alto perfil público tienen discursos bastante seguidos, sin embargo no todos serán sobre minutas o testificaciones que le interesen al mercado financiero. Cuando veas en el calendario económico un día que figure sobre alto impacto en el marco de un discurso, fíjate de qué se tratará.

Si bien el objetivo en el trading es entrar al mercado en función del resultado de la información, muchas veces poco tiempo hay para interpretar rápidamente el dato.

La información publicada puede ser positiva o no para el país que publica la información, sin embargo, el trader no debe asumir correlación entre el resultado y el impacto. Son varios los motivos por los cuales los datos no necesariamente tendrán correlación con el impacto en el mercado. Las tasas de interés de los países se descuentan en el mercado días antes. Cuando se publica la mantención, suba o recorte de la tasa de interés puede tener un impacto opuesta al resultado esperado.

Entraremos en detalle sobre cada dato en particular más adelante. En esta sección solo se pretende ampliar sobre cómo se planifica una estrategia en un escenario de trading fundamental. Cuando se planifica una entrada al momento de la publicación de un dato, se producen dos momentos importantes.

El primer impulso, el cual durará unos minutos, es el más importante dentro del escenario del dato. Luego de la primera confirmación de quince minutos será la segunda fase de entradas. El primer impacto de mercado, es el que todo trader desea aprovechar, sin embargo, este presenta dificultades operativas. El primer impulso dura apenas unos minutos, es muy rápido como para llegar a ejecutar justo al momento de la publicación.

Estrategia: Lo recomendable en estos casos es planificar una entrada a mercado con órdenes pendientes que rodeen el precio de mercado. Caso contrario, si el trader intenta ejecutar luego de publicada la información, probablemente pasen dos cosas: el bróker no ejecutará al precio indicado o al ejecutar producirá un slippage muy importante que la entrada finalmente será tardía. Para evitar y eliminar este problema, el trader podrá aprovechar cien por ciento el impulso inicial rodeando el precio de mercado.

El precio podría estar confirmado antes de la publicación del dato, es decir, ya el mercado estará posicionado y tendremos información suficiente para comprar o vender antes que se publique. Sin embargo, el riesgo de ejecución antes del dato puede ser altamente innecesario.

Rodear el precio de mercado, implica identificar un precio comprador superior donde irá una compra pendiente o buy stop y un precio vendedor inferior donde ira una venta pendiente o sell stop.

Es fundamental considerar que la volatilidad es un factor que el trader deberá manejar con extrema habilidad. Las órdenes pendientes deberán colocarse unos minutos antes de la publicación del dato. De esta manera se evitaría la ejecución de las mismas por la volatilidad. Veamos a continuación dos ejemplos aleatorios, uno con GBPUSD y otro con USDCAD.

GBPUSD

- Día abre venta para el cruce, debajo del pivot central.
- Impacto: positivo para libra
- Precio arriba de 1.31. Confirmado a compra.

- Estrategia: compra spot al 1.3112 ó buy stop al 1.3115. Sell stop al 1.31.
- Resultado +60 pips
- Target 1:1.3130
- Target 2:1.3150

USDCAD

- Día abre compra por arriba del pivot central.
- Impacto: positivo para el dólar.
- Precio arriba de 1.3230 antes de la publicación.
- Confirmado a compra.
- Estrategia: compra spot al 1.3230 ó buy stop al 1.3240. Sell stop al 1.3220.
- Resultado +60 pips
- Target 1:1.3250
- Target 2:1.3360

En ambos gráficos mostramos como se opera en escenario de apertura diferentes pero con impactos iguales que aprecian la moneda. En el primer caso, el cruce GBPUSD abrió venta, sin embargo, el precio cayó a un nivel estratégico para el mercado comprador. En acción de precios este tipo de días, implica comprar en contra de la presión de mercado o apertura. La mejor opción es comprar a un precio seguro superior a los niveles mínimos como 1.3110 ó 1.3115 ó bien colocar un buy stop en caso que se trate de una previa publicación de dato de alto impacto.

En el segundo caso, el mercado abrió compra para el cruce USDCAD. El precio tuvo impacto comprador frente a escenario de datos, en estos casos si el precio ya está confirmado superior a 1.3230 se puede comprar ejecutando en mercado directamente (en spot).

Los datos de alto impacto, tienen la particularidad de generar volatilidad antes que se publique la información. Este fenómeno solo genera ruido de mercado y activación de órdenes stop loss. Las órdenes pendientes que rodeen el precio no deberían de activarse antes que salga el dato. El objetivo, es que si el mercado dispara comprador frente al impacto, entonces lleguemos justo a ese precio de compra con nuestra orden, y si sale venta entonces lleguemos a esa venta en el momento preciso.

Aun así, tenemos otros desafíos, la utilización de stop loss o take profits deberán quedar fuera del cálculo. Operar el impulso de mercado es tal como lo vemos, un desafío. Sin embargo la recompensa luego de un buen cálculo de riesgo es altamente compensada.

Al utilizar órdenes pendientes es más fácil calcular dónde se entrará sin riesgo. Si el mercado está venta o vendido, entonces las compras o el buy stop deberá ser en un precio muy superior que no se consiga activar por volatilidad. Se podría también dado el caso, descartar por completo el escenario de compra y solo ir por el de venta. Si contrariamente el mercado está comprador, las ventas o sell stops podrían descartarse por el trader e ir solo por un escenario a favor de la presión del área. En nuestro canal de YouTube (Watch My Trading) tenemos grabaciones en tiempo real operando con datos. Ver el ejercicio directo te ayudará a comprender como operar con datos.

Los impulsos de mercado suelen ser en algunos casos de hasta 250 pips, se han registrado nóminas de empleo no agrícola de hasta 320 pips en el primer minuto de publicación. En ciertos escenarios se activarán las dos órdenes pendientes y podremos ganar en ambos lados de mercado. Lo más importante es que las órdenes no se activen antes de la publicación de la información. Nuestro único objetivo es evitar problemas técnicos y entrar al mercado en el precio justo al momento exacto. Luego de este primer impulso podremos seguir operando ese mismo dato pero ya a los precios más estables que se presenten luego de los 10 ó 15 minutos.

Nóminas de empleo no agrícola

Este dato comenzó a ganar popularidad a partir de la crisis de los Estados Unidos en el 2008. Antes de ese año este dato tenía un impacto de mercado normal como el desempleo en cualquier otro país. El saldo de la última crisis del 2008 costó la pérdida de más de 8 millones de puestos de trabajo, desde entonces esta información se tornó clave para decisiones de política monetaria de los Estados Unidos. Se publica los primeros viernes de cada mes y afecta todos los cruces de monedas relacionados al dólar, índices americanos y a la cotización d Oro en ciertas ocasiones.

El dato es publicado por el departamento de trabajo y no contabiliza el sector agrícola. El impacto de la información puede llegar a superar al de las tasas de interés. Simultáneamente la economía americana da a conocer su tasa de desempleo. La combinación de ambos datos hace que la información sea doblemente importante. Los días miércoles o jueves de la misma semana, se publica el dato adelantado sobre la creación de empleo final. Por dato adelantado no significa que tiene relación con el dato final de dos días después. La forma que lo verás presentado en los calendarios económicos:

09:15	USD	Cambio del empleo no agrícola ADP (Mar)
09:30	USD	Nóminas no agrícolas (Mar)

El adelantado de las nóminas de empleo no agrícola ha perdido interés por el mercado dado que no funciona como pronosticador de la creación de empleo. Creación de empleo no siempre tiene correlación con la caída o subida del desempleo y viceversa. Dicho esto, operar el non-farm payrolls o nóminas de empleo no agrícola tiene doble impacto y tiene doble oportunidad al mismo tiempo. Si el desempleo bajó y la creación de desempleo aumentó: todo favorece al dólar, y el impacto en el mercado es en la mayoría de los instrumentos. Caso contrario si el desempleo aumentó y la creación de empleo disminuyó: todo perjudica al dólar. Los casos mixtos pueden también presentarse donde el desempleo aumentó y la creación de empleo fue positiva o bien el empleo disminuyó pero la creación de empleo fue menor de la esperada.

Tasas de interés

En segundo lugar, se sitúan las tasas de interés de la economía del país como dato de mayor oportunidad para el trading intradiario. Este dato no es ambivalente la tasa de interés tiene un solo propósito y es regular la economía. La decisión sobre este dato proviene del Banco Central del país o bien de la Reserva Federal en el caso de los Estados Unidos. Denominaremos como BC (Banco Central) y FED (Reserva Federal de los Estados Unidos) de aquí en adelante. En términos generales, si la economía flaquea entonces habrá intervención sobre su tasa, si la economía está estable entonces la tasa de interés se mantendrá.

El mercado financiero, producto bruto interno, mercado de bonos, tasa de desempleo y demás indicadores económicos son los que tienen directa injerencia sobre la decisión de tasa de interés. El banco central al final del día tiene la función de velar por una economía estable. Si algún indicador presenta dentro de dos a tres meses consecutivos un desbalance entonces el banco central inter vendrá la tasa de interés.

En el calendario económico verás el dato de tasa de interés actual y el pronóstico (forecast). Generalmente no es un dato que pueda incumplir con su pronóstico. Dentro de la semana de publicación de este dato el mercado estará preparado para la información. Sin embargo, es el BC y la FED los responsables de tomar la mejor decisión y esta puede ser diferente al pronóstico.

Existe también la posibilidad que el país en cuestión tome su decisión de tasa de interés en mercado cerrado. Si el resultado de la tasa de interés es en mercado cerrado, la divisa igual tendrá impacto inmediato, sin embargo, el mercado financiero tendrá una apertura más frustrante. El mercado de monedas funciona todo el día, por lo tanto, el trader no tiene que esperar a que abra el mercado financiero del país para tener acceso a operar la tasa de interés.

Los casos de toma de decisiones sobre tasa de interés en mercado cerrado o bien que no sea al horario que se espera es muy ocasional pero posible. Volviendo a la operativa sobre este dato, el mercado habrá descontado o asimilado el resultado días antes. Si minutos antes de la publicación el mercado se encuentra en precio comprador entonces tendremos mantención o suba de tasa. Si contrariamente el mercado no se sostiene comprado y al momento de la publicación el precio es de venta entonces el mercado esperaría un recorte de tasas o bien una no suba de la misma. Si la FED continuara subiendo sus tasas de interés pero el mercado financiero no está aún preparado entonces esta suba de tasas perjudicaría a la economía al largo plazo.

Si la decisión del BC o FED no es congruente con la economía entonces una suba puede en realidad ocasionar una depreciación de la moneda y tener un impacto negativo. En ocasiones, por más que el BC o FED mantenga sus tasas de interés puede no favorecer a la economía. En los siguientes ejemplos te mostraré como ha sido la estrategia final frente al dato de tasa de interés. Los cruces son solo ejemplos, bajo el mismo análisis podrás operar todo dato de tasas de interés.

Importante: Cuando operes sobre Nueva Zelanda tendrás particularmente más volatilidad antes del dato de lo que normal. Por tanto, si te especializas en operar datos de alto impacto, cuando anotes tasa de interés de Nueva Zelanda prepárate con un buen plan. A continuación te mostraré un ejemplo de la volatilidad y cómo puedes aprovechar este dato sin percances. Puedes entrar a mercado con los siguientes cruces para esta ocasión NZDUSD, AUDNZD, NZDCAD, NZDJPY. Recomiendo que elijas solo uno o dos cruces como máximo y tengas presente los de menor spread. Mi elección para el dato de tasas de interés de Nueva Zelanda es USDNZD.

Estrategia sobre dato publicado 27/03/2019

Análisis

El precio al momento de apertura de mercado asiático se encontraba arriba del pivot point central y con precio cerrado superior a 0.69. Todo indicaba que el mercado reaccionaría compra dado el pronóstico de mantención de tasas. Sin embargo, estratégicamente debemos de considerar el contexto del precio para planificar las órdenes que rodean el precio de mercado. El mercado estaba posicionado compra y esperando un buen impacto, sin embargo, la publicación del dato fue acompañada por su declaración correspondiente. La declaración advierte que si el consumo doméstico de la economía continuaba en contracción consideraran un recorte para su próxima decisión de su tasa de interés. En conclusión, el impacto del dato fue negativo para la moneda dando venta en todos los cruces con el NZD.

Estrategia

La planificación de la entrada es correcta en términos de precios y proyección de mercado. Sin embargo, como regla fundamental al operar dato de alto impacto como tasa de interés de Nueva Zelanda ninguna orden debe activarse antes de la publicación.

Precisamente con este dato las órdenes de compra pendiente tipo buy stop fueron arriba de 0.6910 las cuales se activaron antes del impacto. En estos casos debes actuar lo antes posible cerrando la posición y dejando tu nuevo buy stop a un precio superior. Por tanto, si los precios compradores estaban entre 0.6910 y 0.6912 considera un precio superior a los niveles máximos para evitar que la volatilidad previa active tu orden.

Una vez realizado este ajuste, luego puedes sacar toda la ventaja de los vendedores. Las órdenes de venta tipo sell stop se colocaron en torno a 0.69, debajo de este precio el mercado estaba a la venta en su totalidad. Para resumir, verás en el gráfico el mercado como minutos antes se encontraba debajo de máximos del área de 0.6920, pero por arriba de 0.69. El mercado estaba completamente alineado para los compradores pero el impacto resultó a la venta. Por tanto, la precaución es considerar un buy stop superior a los máximos en primera medida y luego que tal orden no se active por volatilidad. Si te resulta complicado seguir el ejemplo, recurre al canal de YouTube y busca las grabaciones de datos operados en tiempo real, te ayudarán a visualizar estos ejemplos.

> **Recuerda que el impacto es lo importante, lo que ocurra previamente es solo ruido de mercado.**

Gráfico: NZDUSD
Precio antes del dato: 0.6909
Precio después del dato: 0.6808
Total pips en impacto: 102 pips totales.
Tiempo de duración de entrada: 1 minuto.

Estrategia sobre dato publicado 08/05/2019

Análisis

El precio al momento de apertura de mercado asiático se encontraba debajo del pivot point central y con precio cerrado debajo de 0.66. Todo indicaba que el mercado reaccionaría venta a pesar del pronóstico de mantención de tasas (impacto esperado alcista). El día anterior, el principal socio comercial de Nueva Zelanda (Australia) mantuvo sus tasas de interés a pensar de un pronóstico de recorte de 25 puntos base. Es decir, que a nivel fundamental no había escenario sorpresivo y una mantención de tasas era acorde a la decisión de Australia. Sin embargo, los rumores de recorte ya habían comenzado.

Estrategia

Al planificar la entrada para operar este dato, el mercado ya había descontado la información y la venta era asegurada. El componente de incertidumbre se hizo presente subiendo el precio hasta 5 pips antes de la publicación del recorte de la tasa de interés (25 puntos base). Las entradas no tuvieron mayor ajuste, el precio ya estaba descontado y las compras se descartaron rápidamente.

Gráfico: NZDUSD
Precio antes del dato: 0.66
Precio después del dato: 0.6526
Total pips en impacto: 75 totales.
Tiempo de duración de entrada: 1 minuto.

OPERAR EN MÁXIMOS Y MÍNIMOS

Los precios de mercado eventualmente llegarán a niveles mínimos y máximos en diferentes momentos del año. El trader deberá tener especial precaución al operar en estas situaciones. Un traspié de cálculos y errónea asimilación de datos puede conducir a comprar en máximos y vender en mínimos sin posibilidad de cierre. Entender el análisis de máximos y mínimos te ayudará a comprender cuándo es mejor una estrategia largo plazo en vez de un scalping.

Expliquemos los posibles errores y luego como evitarlos. La primera suposición del trader principiante es considerar que en niveles mínimos o máximos el mercado generará una reversión.

La solución de todo trader al momento de operar en mínimos o máximos es no actuar impulsivamente. Si el mercado se encuentra en mínimos o máximos semanales le interesará al trader largo plazo especulando una posible reversión. El trader intradiario ve el mercado desde una óptica diferente. Al identificar el mercado su mínimo diario entonces pueden ocurrir dos cosas: consolidación diaria, o bien nuevos mínimos durante el día.

En mínimos y en máximos el mercado necesariamente tendrá un rebote. Por la propia inercia del precio, este caerá desde un máximo y subirá desde un mínimo desde la temporalidad que sea. Sin embargo, un máximo debe operarse solo dentro de un intervalo seguro. Los intervalos máximos y mínimos pueden tener entre 15 a 30 pips. El scalping se trabaja en temporalidades muy bajas y es allí donde puedes perder el foco del mercado y quedarte atrapado en compra en máximo o en venta en mínimo. Si se entra en un intervalo mínimo o máximo con poco volumen o en mercado cerrado, puede que no puedas salirte al target estimado. Los mínimos y máximos semanales, mensuales o anuales son analizados por el trader largo plazo.

Entrar al mercado en venta si la presión de mercado es compradora, es una situación de alto riesgo para el trader intradiario.

Ejemplo:

Niveles mínimos mensuales de GER30 ó Dax index.

Abril 2020.

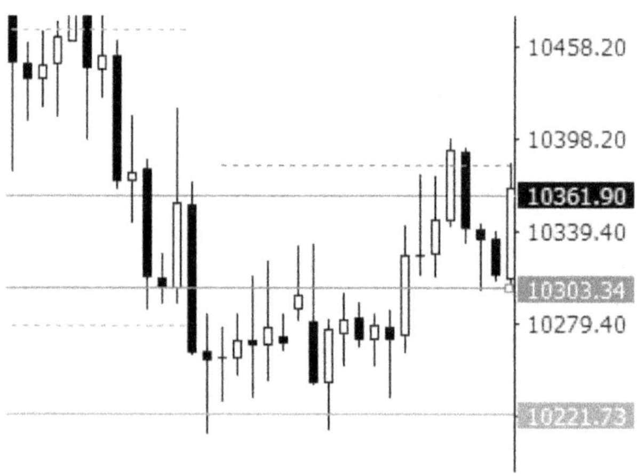

Días vendedores debajo de 10.300 son altamente riesgosos de trabajar a venta. El scalping debe ser cauteloso y no quedarte en venta sin poder cerrar. El trader más largo plazo considerará comprarse por arriba de 10.300.

Ejemplo:

Máximos mensuales USDCAD Abril 2020.

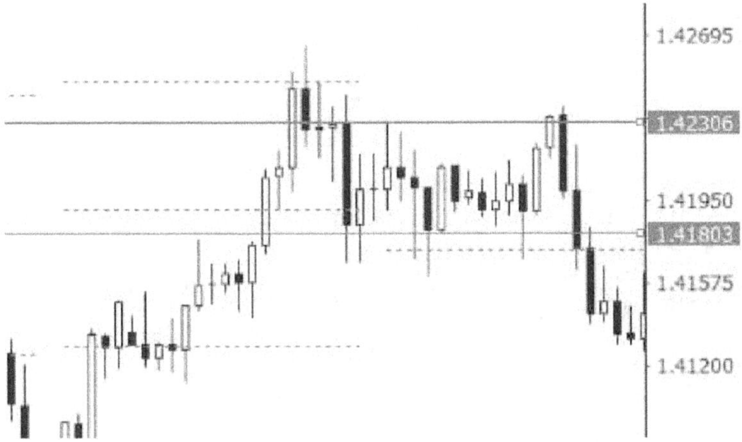

En días compradores entre 1.4180 y 1.4230 hay mucho scalping para hacer. Las últimas compras del intervalo por arriba de 1.4230 son de alto riesgo. Por lo tanto, es preferible dejar pasar las compras superiores a 1.4230 y esperar que el precio salga de los máximos el área.

A largo plazo el trader verá entrar vendedor debajo de 1.4180 y el comprador no logrará sostenerse debajo de 1.42. Esto obligará al precio caer necesariamente.

Ejemplo:

Máximos mensuales USDJPY Abril 2020.

En el previo gráfico de USDJPY, hubo que ampliar la temporalidad para mostrar los niveles máximos. Entre 107.80 hasta 108.0 son los niveles máximos durante una semana. Usualmente los máximos duran tres hasta 4 sesiones de mercado. En esta oportunidad el mercado no salía de sus compras en el cruce y eso mantenía al trader comprado en estos niveles. El trader largo plazo probablemente espero a entrar venta debajo de 107.80.

Ejemplo:

Máximos mensuales SP500.

Abril 2020.

Aquí el índice SP500 muestra los máximos entre 2881.0 y 2861.0. El scalper intradiario tiene buenas oportunidades en este intervalo, sin embargo se trata de máximos mensuales. Por este motivo el mapa de precios tiene que estar diagramado antes que cualquier entrada. Al perder de vista los máximos o mínimos tu estrategia podría desmoronarse rápidamente. Aprende a diferenciar entre un scalping conveniente y una entrada largo plazo más seguro.

Ejemplo:

Máximos mensuales EURUSD Abril 2020.

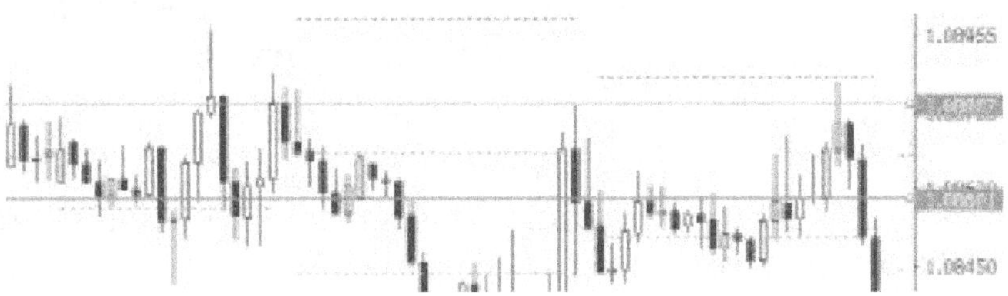

En el extracto de gráfico superior mostramos los máximos del cruce entre 1.0860 y 1.0880. El scalping en este intervalo se realizó por más de 3 días consecutivos. Las compras que sobrepasaron 1.0880 no se realizaron para evitar error de cálculos pero el precio consiguió subir hasta 1.09. Luego que el precio salió de la zona de máximos volvimos a una estrategia vendedora debajo de 1.0850. Propongo que realices el mismo ejercicio. Coloca las líneas de los máximos del instrumento en que estés interesado.

Cuando tengas días compradores en máximos descarta esas últimas posiciones ya que pueden arriesgarte a que quedes comprado en máximos.

Órdenes pendientes de mercado

Todas las plataformas ofrecerán dos tipos de órdenes, las que se ejecutan en el momento o las que se ejecutan a precio futuro. Lo más importante en ambos tipos de órdenes es considerar el spread. Al momento de ejecutar una orden sea en spot o a precio futuro, tendremos un spread que pagar el cual idealmente debe ser variable y no fijo. Al momento de tener una cuenta de trading el spread es un elemento indispensable de entender. El diferencial de compra y venta es lo que finalmente nos dará el spread. Al tener mayor cantidad de compradores y vendedores en mercado tendremos menor spread dado que el precio de oferta y demanda están casi encontrados. Los brokers de la industria tendrán la posibilidad de ofrecer un spread fijo, sin embargo, este no es competitivo sobre pares de alto volumen.

Los cruces más caros son los que, en consecuencia el precio oferta y demanda son más distanciados dado que el volumen operativo es bajo.

Órdenes tipo pendiente para cubrir buy stop y sell stop en MetaTrader4.

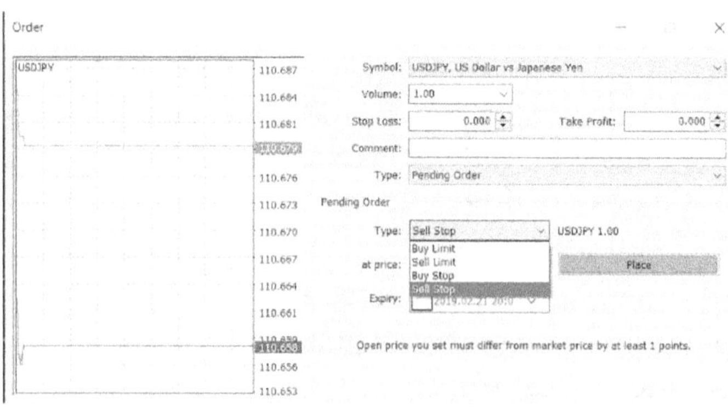

Orden spot: venta Cobertura: buy stop o buy

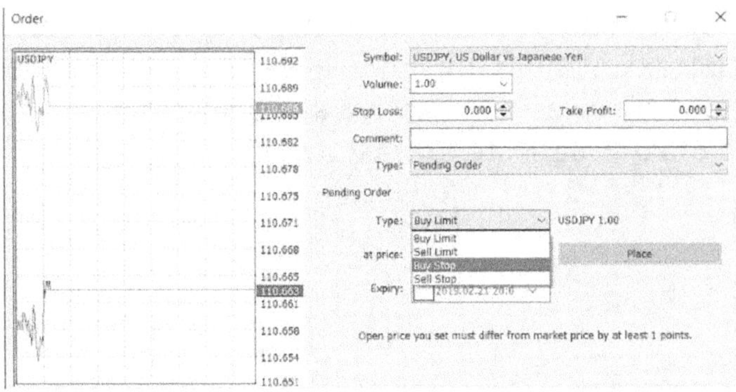

Orden spot: venta Cobertura: sell stop o sell

Ahora bien, mencionamos las coberturas como plan de salida de una orden ya en mercado que por diferentes motivos está enfrentando una reversión. Sin embargo, es fundamental entender que la posición inicial que está siendo cubierta tendrá un momento de expiración. Al entrar a mercado a compra, y pasar por una reversión intradiaria en venta, la posición compradora puede no sostenerse en niveles compradores. El trader deberá considerar en estos casos que lo más oportuno es cerrar la posición expirada original. Puede hacer total o parcialmente.

En nuestra galería de videos tenemos la explicación de cómo pueden tomarse pequeñas pérdidas de una orden en vez de ir por toda la pérdida. Muchas veces una reversión puede sólo durar dos o tres días y luego vuelve a tu precio original. En caso que no vuelva a tu precio, siempre está la opción de ir descartando tu orden expirada de a poco y no tomar toda una pérdida.

Tengamos presente que cubrir una posición en reversión intradiaria es solo a modo de enfrentar la volatilidad del día. Pero esta posición original puede no llegar a sostenerse en niveles prudentes y puede hasta expirar durante días sucesivos. Sostener una posición negativa tendrá dos consecuencias, en primer lugar reduce la liquidez disponible en la cuenta de trading para continuar entrando a mercado y segundo lugar, si la diferencia swap es negativa se deberá abonar intereses por cada día que se sostenga la entrada.

COBERTURA Y GERENCIAMIENTO

Abordar el tema de coberturas implica necesariamente comprender que en el mercado de derivados financieros no es viable utilizar stop loss. El trading intradiario o largo plazo es igualmente de riesgoso si no se tiene un plan de salida de pérdidas. Las pérdidas se producen generalmente por dos motivos: entradas que expiran o lo decir lo mismo que los precios de mercado ya no son válidos, también por crisis internacionales relacionadas a los instrumentos que se está operando. La desventaja principal que tenemos con el trading intradiario es que presenciamos toda la volatilidad. Al trader largo plazo no le afecta la volatilidad porque no la percibe. Volatilidad bien utilizada se traduce en oportunidades. Volatilidad con trading emocional se traduce en malas decisiones.

Definir trading emocional parte de la primicia que no tenemos control del mercado, solamente de nuestras emociones. Mientras tanto, adelantaré aquí algunos indicios de como antes de aprender a gerenciar tu cuenta, debemos aprender a controlar nuestras emociones. El sistema de coberturas es una genialidad que te salvará siempre, en la medida que primero aprendas a controlar la parte emocional.

El sistema de coberturas es una forma de proteger una posición cuando el mercado entra en reversión, corrección o simplemente para tomar ventaja de mercado contrario dentro del mismo día. Este sistema nace finales de los años '70 bajo la idea de protegerse de crisis del mercado financiero. El sistema de stop loss es una forma de cerrar una posición tomando una pérdida automáticamente a un precio futuro. Las coberturas son simples de usar en términos operativos, sin embargo, el principal desafío es la predisposición de un trader a tomar una orden opuesta frente una posición que tiene en mercado.

Por tanto, lo primero a considerar frente a las coberturas es que un trader debe estar dispuesto a que por cada venta en mercado puede abrir una compra si el mercado presenta reversión intradiaria. Contrariamente, por cada compra en mercado el trader debe estar preparado a abrir una venta si el mercado no responde al precio ingresado. Con la intención definida todo resultará más fácil en el camino y se estará preparado para todo escenario. Cubrirse en mercado abierto implica comprender dos fenómenos que se producen simultáneamente: ganar en reversiones y margen de cuenta solapado.

¿Qué es entrar en cubierto?

Las entradas adelantadas al mercado son todas aquellas órdenes de compra o venta que abrimos y que no tienen una planificación de expiración o cancelación. En estos casos, cuando la orden no responde a su proyección por motivos macroeconómicos, debemos planificar una cobertura. **La acción de precios te llevará a una probabilidad del 80% en tus aciertos de mercado diarios. El 20% que no tenga una correcta gestión de riesgo podrá también llevarte a pérdidas imperiosas**.

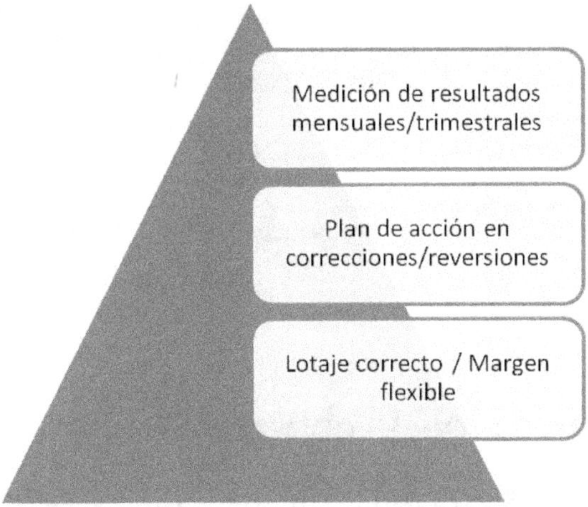

¿Cómo evitar entrar en cubierto?

En estos casos deberás tener una aproximación al mercado siempre con riesgos controlados. Esto es: por cada entrada a mercado se deberá utilizar tomas de pérdidas automatizadas (SL) o tomas de pérdidas ante falta de confirmación. Las estadísticas no serán favorables a tu trading si te decides por esta vía u opción. Debemos diferenciar entre volatilidades, correcciones y reversiones de mercado.

Suele interpretarse que una volatilidad en medio de tu orden compra o venta implica una entrada de mercado mal realizada pero este no es el caso. Frente a un escenario de volatilidad el precio de tu orden volverá dentro de la misma sesión de mercado o sesión de mercado subsiguiente. En una corrección de mercado llevará más tiempo. En una reversión se considera que la orden intradiaria expira y deja de ser favorable a la nueva proyección del precio.

Volatilidades	Correcciones	Reversiones
• Datos de menor impacto (30 a 50 pips) • Fluctuaciones normales diarias (20 a 30 pips)	• Máximos oportunos de tomas de ganancia indicativo de no participación de compradores. • Mínimos oportunos para compradores.	• Cambios en los tipos de interés de la moneda en cuestión. • La proyección del precio de una moneda cambia y revierte.

¿Para qué sirve la cobertura?

Es un pequeño salvataje que nos ayudará a salir de una situación de riesgo no planificada anteriormente y a bloquear el margen utilizado a cero. Por ejemplo, si ocupamos 30 dólares (0.30 lotes) en una entrada en compra y abrimos en el mismo cruce una posición de venta, entonces nos quedarán 30 dólares comprados menos 30 dólares vendidos, lo que es igual a cero.

¿Cuántos pips son necesarios para cubrir la orden?

En acción de precios no utilizamos los pips para planificar coberturas o las órdenes de mercado. Aquí enmarcamos todo desde los precios. Sin embargo, debemos tener en mente el flotante para cuidar que el margen sea flexible y afrontar correcciones. Por lo tanto, una orden con un diferencial de rango (100 pips) ya se considera prudente para generar una cobertura.

¿Qué pasa si cubro mi orden o mis órdenes y el mercado finaliza la corrección en ese momento?

Debemos hacer las órdenes de mercado en cubierto en el momento exacto. De otra manera, recomiendo no realizarlas. Recordemos que cubrir implica entrar con una posición opuesta incluso si la zona de mercado está vigente. Entonces, si la orden en cubierto pierde confirmación lo recomendable es expirar.

No debemos tener miedo de las correcciones de mercado. Las correcciones son necesarias. Sin embargo, será inevitable que contemos con un lotaje lo suficientemente flexible para afrontar hasta 100 pips correctivos.

¿Qué diferencia existe entre una corrección y una reversión de mercado?

Las correcciones de mercado son reacciones opuestas a la proyección del precio normal dentro de la misma zona. Estas ocurren así: zona de venta = corrige con compradores y zona de compra = corrige con vendedores.

En cambio, una reversión implica que la zona de venta pierda validez y entre a la zona de compra o viceversa.

Las correcciones de mercado pueden ser desde los 50 pips hasta los 500 pips. Esto dependerá de la magnitud del escenario presente. Por lo tanto, puede que se trate de una sola jornada de mercado hasta que nuestro orden inicial vuelva a estar en positivo, o de hasta dos meses correctivos sin que pierda vigencia nuestra orden inicial.

Si el mercado entra en reversión:

¿Qué ocurre con la orden o las órdenes que no son favorables a la zona actual?

Dependerá de cada trader. En lo personal, prefiero desarmar parcialmente la orden que ya no condice con la zona de mercado actual. Esto es, tomar pérdidas parciales hasta que no quede nada del flotante generado una vez iniciada la reversión. Sin embargo, también puedes optar por tomar la pérdida total. Nuevamente, recalco que esto dependerá de cada persona.

¿Es normal que una corrección dure hasta dos meses?

Si, de repente el scalper puede perder visión sobre cuál nivel de mercado se encuentra operando al tratarse de un mínimo anual o de máximo anual. Es por ello que para él siempre es prudente subir las temporalidades antes de entrar a mercado y evaluar si debe expirar el scalping a tiempo en vez de esperarlo. Siempre evaluar el costo de mantener una posición de mercado por motivos de pagos de swaps. Si en cambio tu orden genera carry trade entonces es de mayor conveniencia mantener el flotante.

Si una orden de mercado se realizó de manera imprudente cercana a un mínimo mensual o anual, entonces debe decidir si toma esa pérdida o espera hasta que la corrección finalice. Una vez más, superando los 100/150 pips conviene considerar entrar en cubierto.

SWAPS

Cada día después de las 6 p.m. ó 7 p.m. tu dinero flotante en el trading entra dentro de otro producto financiero llamado swap. El swap es el diferencial de tasas de interés entre ambas monedas. Dado que tu posición puede que aún no está liquidada, estas tomando prestado un activo, entonces ese préstamo entra dentro de cálculos de interés. Si tu posición se sostiene durante el fin de semana, esos intereses son acumulados con abono/cobro los días miércoles. Verás el día miércoles después de las 6 p.m. ó 7 p.m. el swap difiere y ya no es la acumulación del día anterior sino que son 3 días totales de intereses.

La información de tasas de interés la encontrarás en todos los sitios o calendarios económicos. Este monto de swap que se gana o se paga variará en función de tu lotaje en la posición flotante. No es lo mismo sostener flotantes de 0.5 lotes que 5 lotes. Asegúrate de tener en claro qué cruces y qué tipo de posiciones abonan swap y en cuáles se paga swap. Esta diferencia podrá definir si conviene entrar o no dentro del proceso de coberturas. Por lo tanto, para no volver al tema de swaps, anota en alguna parte que cruces de monedas cobras intereses y en que cruces de monedas pagas. Al abonar los intereses el dinero sale de tu propia cuenta de trading por tanto, la liquidez se verá afectada si el proceso de cobertura supera la capacidad de liquidez de tu cuenta.

Un ejemplo: las monedas AUD y NZD son por excelencia los activos que abonan swap en compra con el JPY (yen japonés). Por tanto, si compras cualquier cruce con base en AUD o NZD contra JPY se te abonarán intereses diarios. En estos casos, si entras en proceso de cubrir una compra, no sería problema dado que ganas dinero en el proceso. Si en cambio, entras venta, tendrás que pagar día tras día intereses por esas ventas. En estos casos conviene tomar la perdida lo antes posible.

El cobro o pago de swaps se realiza proporcional al lotaje con el cual abres la posición. No ganarás o perderás la misma cantidad de swap si tu lotaje de la posición es diferente. A continuación te presento una lista actualizada a la fecha 2020 de los intereses en compra o venta de los principales cruces. Sin embargo, revisa los nuevos intereses puede diferir en función si ves esta información más allá del corriente año. Chequea con tu bróker que te informe de los swaps de los instrumentos que operes.

	Compra	Venta
AUDUSD	-2.03	-1.43
EURUSD	-4.83	-0.20
GBPUSD	-3.44	-2.50
USDCAD	-1.56	-4.35
USDCHF	0.19	-4.73
USDJPY	-0.58	-4.54
AUDCAD	-2.91	-2.97
AUDCHF	-0.18	-3.35

Según la lista previa son pocos los instrumentos y tipo de posiciones que en verdad pagan intereses. De momento únicamente compras con USDCHF se tienen swap positivo. Por lo tanto, todas tus posiciones flotantes sea la que sea pagará intereses overnight excepto compras en el cruce USD-CHF (dólar contra el franco suizo). Esta información es muy importante. Recuerda que si vas a aprender a cubrir te en mercado mientras recuperas una posición expirada el pago de swap te irá sacando dinero de la liquidez de la cuenta.

En el escenario que ganes intereses por tus posiciones, igual tu liquidez se verá afectada por drawdowns esto es por la caída del precio respecto de tu precio de entrada. Por lo tanto, debemos tener presente que la prioridad antes de comenzar un proceso de cobertura es saber que LIMITE tenemos. Un precio de mercado puede expirar frente a 20,50 ó 120 pips de diferencia en un cruce de divisas. Para algunos traders un 30% al 20% de drawdown desde el precio de entrada podría significar más del 50% de la cuenta de trading.

Por tanto, estandarizar en porcentajes el riesgo asumido en drawdowns no es viable. En watchMyTrading preparamos una calculadora de riesgo muy útil para estos casos. Es muy práctica dado que puedes alterar el nivel de inversión y apalancamiento y con esos datos reales ver el tipo de riesgo que asumen por cada pip en contra en tu operación. Esta calculadora es un invento personal, no la encontrarás por ahí. Pídela a mi correo desde mi sitio web o bien copia los parámetros y diseña un excel tuyo.

Te adjunto aquí la imagen para que puedas armarla en tu Excel con los datos correspondientes. En la información de arriba modificas con tu inversión y abajo colocas las órdenes que vas a colocar, valor del pip, margen, etc. Luego las columnas de Margen, patrimonio, margen libre y riesgo van a ir modificándose en función de los pips a tu desfavor (primera columna del Excel).

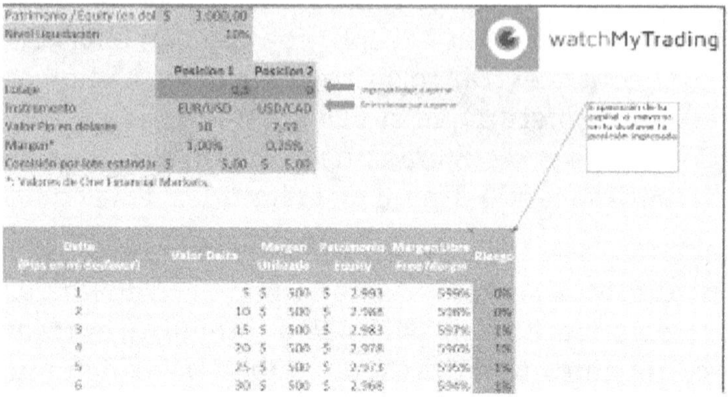

La única manera que llevarás adelante un escenario de reversión es abriendo lotes de manera consistente asumiendo que cada entrada de mercado podría sufrir una reversión. De esa manera, tu trading será consistente y tendrás la suficiente liquidez en la cuenta para afrontar reversiones.

LOTES – MARGEN Y MARGEN LIBRE

La correcta gestión de tu cuenta de trading es sin duda la principal habilidad que debes desarrollar. Gestionar tu cuenta no significa la cantidad de órdenes que harás por día o la cantidad de ganancias obtendrás al final de mes. Gestionar significa la correcta utilización de la equidad de tu cuenta de trading por cada orden de mercado. Tener presente el concepto de drawdown tolerable, lotaje, nivel de margen, nivel de porcentaje de margen, etc.

El correcto manejo de tu margen disponible te ayudará a no utilizar más de la capacidad que tienes para enfrentar todo tipo de escenarios. Lo primero que recomiendo cuando se abre una cuenta de trading es abrir con la misma cantidad de lotaje SIEMPRE sin importar tu ganancia acumulada. Luego de tu primer mes de trading incrementa 10% de dinero por posición y así sucesivamente. No concentres la intención en las ganancias o pérdidas, sino en la calidad de tus entradas.

Tu primer año de trading tendrá necesariamente altibajos. Lo importante es respetar la disciplina y no por que tengas una mala racha decidas cambiar algo. Es bastante común en traders que están dentro de sus primeros dos meses, resignan el uso de coberturas y vuelven al stop loss. Luego de acumular posiciones perdedoras con uso de SL vuelven a las coberturas y así están por meses, sin consistencia. Disciplina significa ajustarse a un plan y no cambiarlo sin importar el resultado bueno o malo.

Tendrás días y momentos de sobre confianza de tus entradas y te verás tentado a aumentar el lotaje o riesgo de la entrada. **La clave está en no cambiarlo, mantiene siempre la misma cantidad que tenías definido en un comienzo**.

Cuánta tolerancia tiene a las perdidas y cuento está dispuesto a ganar o perder sin cambiar la planificación. La ventaja de abrir siempre con la misma cantidad de lotaje es conseguir aislar la parte emocional del trading. Automatizar la cantidad de lotaje con la cual se entra te brindará disciplina.

Cada bróker tiene su propia configuración sobre los siguientes conceptos que debes conocer antes de operar:

- Spread. El mercado forex tendrá el mejor spread.
- Apalancamiento. Varían entre 1:100 a 1:500 (en mi caso utilizo 1:400)
- Requerimiento de margen de cada instrumento. Varía entre 0.25% y 1%.
- Nivel de stop out o margin call. Varian entre el 20% y 100%.
- Condiciones sobre aumentos de requerimiento de margen
- Fechas de rollovers (en caso que operes activos sujetos a rollover como el caso de petróleo)

En términos operativos, cuando comienzas a operar tu cuenta todo se reduce a cuanto utilizas de tu capital inicial para riesgo. Por regla general se tiende a respetar la regla del 1%. Esto es, utilizar el 1% de total de dinero por entrada o entradas a mercado. Parece conservador, porque lo es. Una cosa es entrar con 1% de capital pensando que estaré utilizando solo esa cantidad de dinero y otra muy diferente es entrar con 1% a sabiendas que el flotante podría triplicarse si es que me enfrento a una reversión. Dicho esto, siempre manejar un riesgo que sea el suficiente y moderado para atravesar por reversiones por más segura que parezca la entrada que voy a realizar.

Idealmente cada entrada debe ser exclusiva en su activo y lotaje, es decir, intentar diversificar el riesgo de la entrada en diferentes posiciones o lotes sobre diferentes precios traerá eventualmente caos. En tus primeros 2 a 3 meses entra en una sola posición a mercado con máximo dos flotantes sin diversificar el lotaje en diferentes precios.

Si utilizas el sistema de coberturas en muchas posiciones luego no sabrás cómo continuar. Por tanto, si tienes para arriesgar 200 UsD de 20.000 UsD de inversión, por ejemplo, entonces solo entra con el lotaje equivalente a 200 USD o 2 lotes standard aprox. Si tu capital está en 10.000 USD invertidos entonces te abstienes a un lote standard o equivalente a 100 USD. Si comienzas con 1.000 USD entonces utilizas 10USD totales o equivalente a microlote (0.10).

Es normal trabajar con dinero flotante mientras esperamos resultados de nuestras posiciones. De repente entraremos a mercado en situación de consolidación y tendremos órdenes a mercado en modo espera por varios días. El flotante equivalente de ordenes de mercado debe mantenerse dentro del 3% al 5% del total de balance. No dejes que se vaya de las manos el flotante mientras estamos en espera. Utiliza la calculadora de riesgo para entender la interacción entre lotes, margen y drawdown.

Por otro lado, precaución con activos como oro y petróleo el requerimiento de margen es superior al de las divisas. Activos de commodities en general son mejor operarlos con capitales superior a 3.000 y 4.000 dólares. La manipulación del precio en las commodities es una variante no controlable y es un factor siempre presente en todas estas. El interés de grupos económicos detrás del petróleo o de oro hace que ante cualquier crisis internacional se puedan llegar a controlar la oferta para subir el precio.

No extenderemos sobre el tema de gerenciamiento de la cuenta de trading, pero, practica en una cuenta de demostración la actividad de lote, mini lote o micro lote sobre el comportamiento del tu margen y margen libre. Recuerda que lo importante en tu fase de aprendizaje es controlar la parte emocional, y la única forma es automatizando tu estrategia lo más posible. Si es que no funciona la estrategia, no significa que tengas que cambiarla sino que debes de aprender de posibles errores.

Vamos a un ejemplo práctico de cómo se trabajaría una cobertura con precios. Síguelo practicando en una cuenta de demostración con los precios que tengas al momento de tu lectura, aquí utilizaré precios actuales:

COBERTURA EN LA PRÁCTICA

Toma nota del siguiente ejercicio que te ayudará a visualizar como se procede a llevar una cobertura en la práctica:

Escenario.

EURUSD venta en 1.1180.

Target de venta: 1.1170.

Reversión: por arriba de 1.1206.

Expiración de venta: 1.1220.

Inversión: 20.000 UsD

Entrada con 260 UsD o igual a 1 lote estándar a 1:400.

Cobertura: buy stop 1.1206.

Importante: considerar que las órdenes pendientes pueden activarse por spread, por tanto, en mercado abierto siempre controlar el spread y sumarle al precio los pips correspondientes.

Próxima buy stop: 1.1208 con 260 UsD ó 1 lote standard.

Target de buy stop: 1.1213.

Ganancia: 5 pips – 1.3 (aprox) = 37 UsD Nuevo buy stop: 1.1215.

Target buy stop 1.1220 Ganancia: 37 UsD Precio confirmado arriba de 1.1220.

Vence orden de venta de 1.1180.

Drawdown o diferencia de la orden a precio de mercado: 40 pips ó 400 UsD

A partir del precio de expiración de las ventas comienzo a cerrar el equivalente de ganancia de las coberturas, en este caso, comienzo en 1.1220, si me excedí en lotaje y mi liquidez ya supera los 1000 dólares flotantes, comienzo a cerrar la venta de 1.1180 en el primer precio de reversión de 1.1206 y no espero a comenzar a cerrar en 1.1220.

Nuevo buy stop 1.1223.

Target de buy stop 1.1228.

Restante: 363 UsD ó 0.70.

Segunda cobertura: buy stop 1 lote (recordar que estoy cubriendo y mi margen queda solapado entre 0.70 y 1 lote= margen utilizado equivalente a 0.30 lotes.

(Entra en una demo para ensayar esta ecuación antes de aplicar) Todo variará en función de tu margen requerido y las características de tu cuenta.

Siguiente buy stop 1.1230 Target buy stop 1.1240.

Ganancia: 100 UsD

Cierro parcial remanente: 263 UsD

Precio cierra debajo de 1.1240 vuelven las ventas., no sumo ventas a mi posición hasta no estar en nivel acorde a mi precio, en este caso, EURUSD necesitaría caer a 1.1220 para considerar ventas nuevamente.

Dentro del peor escenario posible, el proceso de cobertura podría extenderse hasta 4 días o más. Todo dependerá como se potencie el precio comprador superior a 1.1220., cuanto más suba más rápido ganaríamos y más rápido liquidamos la posición expirada. Lógicamente que el ejemplo planteado es tan solo un escenario que explica el procedimiento, y todo va a variar dadas las condiciones de mercado actuales. Es siempre recomendable, ensayar las veces que sea necesario como sacar posiciones expiradas, hasta que quede automatizado dentro de la estrategia.

En nuestro canal de YouTube (Watch My Trading) tenemos varios vídeos sobre este ejercicio para que puedas verlo en tiempo real y en práctica.

Expliquemos ahora algunas conclusiones que deberás considerar y aprender cuando decides entrar con sistema de coberturas. Tenemos dos caminos, uno que el precio opere en niveles diferentes a nuestra orden inicial vendedora y el otro es que vuelva normalmente a las ventas. El segundo camino seguramente será el que acontecerá dado que el mercado en este cruce está en zona vendedora. Pero vemos como se desencadenarían ambas hipótesis:

- EURUSD ahora opera en nuevos intervalos entre mínimo 1.1220 y máximo 1.1250. El proceso de cobertura no debe demorarse dado que por más que gane con las compras, debo cerrar anticipadamente la venta expirada. Reducir la venta es fundamental cuando cubrimos, no es opcional. Recordemos que además, cuantos más días sostenemos el flotante remanente mas se acumulará el interés SWAP que debemos pagar en casos de swap negativo.
- En el mejor de los casos, cobraríamos swaps si el diferencial de tasas de interés es positivo (investiga en la página de tu bróker que cruces o que activos tiene swap de pago y cuales swap de cobro). Tener esa información siempre antes y actualizada.

- EURUSD opera como máximo 1.1220 y vuelven las ventas. Por lo tanto, dejo de cubrir manteniendo la venta inicial
- Importante: ahora el precio estará muy tentador para continuar vendiendo, PERO recuerda que si haces ventas desde 1.1220, tu margen requerido se incrementa y ya no estás cubriendo una posición sino que estás sumando a una pérdida anterior. Por tanto, solo en la medida que el precio esté nuevamente dentro de intervalo, SI continúa vendiendo.
- EURUSD debajo de 1.1206 puedo sumar ventas hasta llegar a mi 1.1180 inicial, NO antes.
- Cubrirte de una reversión libera margen para que "le ganes al mercado" de manera progresiva. La buena noticia es que, con el tiempo, ganarás suficiente experiencia, que dejarás de utilizar coberturas considerando en primera medida el swap y cerrarás tu posición antes que el mercado intente revertirte de tu precio. En conclusión, es un proceso de aprendizaje para ayudarte a llegar a un nivel de trading del más disciplinado y preciso posible.
- La cantidad de lotes a abrir en cobertura deberá ser la misma que la posición original. Antes de aplicar esta técnica de cobertura, utiliza una cuenta de demostración y verás como tu posición original se cubre frente a una orden opuesta.
- El requerimiento de margen se bloqueará es decir quedará neutralizado o igual a cero y por lo tanto tu porcentaje de margen disponible aparecerá completo. Sin embargo, recuerda que estamos cubriendo pero la liquidez de tu cuenta se verá igualmente afectada. Dicho esto, cubrir una posición no es la solución es un proceso que debe finalizarse lo antes posible.

- Podrás cubrir una posición durante dos, tres o más días, sin embargo, deberá llegar a su fin. El final del proceso se reduce a dos escenarios: reversión total de mercado y cierre total de la posición cubierta, o bien, el precio vuelve a sus intervalos y se termina de cubrir.

EXPIRACIÓN DE PRECIOS

La manera que explica la acción de precios para salir de una posición perdedora es comprender la expiración de los niveles compradores y vendedores. Tomar pequeñas pérdidas es siempre la mejor opción cuando tu precio pierde confirmación. Para esto, el trader comprenderá en que niveles de mercado vencen sus posiciones. **Al final del día, todo trader sabe que** *no existe un sistema de trading infalible y es uno mismo quien se encarga de cada día perfeccionar sus entradas.*

Los otros mecanismos de salir de posiciones son la expiración de la orden bajo pérdida de confirmación o pérdida de presión de mercado. Este mecanismo propone tomar pequeñas pérdidas en vez de pasar por el proceso de cobertura. Cada entrada a mercado que pierda su confirmación se cierra al precio que se entró la orden o inmediatamente por debajo del precio de entrada. Veremos más adelante la expiración de órdenes. La temporalidad que utilizamos para monitorear las órdenes es de 5 minutos. Una vez hecha la ejecución el precio de entrada debe permanecer manteniendo los parámetros de confirmación.

Si el precio pierde la confirmación dentro de los 5 minutos siguientes la opción es cerrar la entrada. Ahora bien, todo trader intradiario sabe la enormidad de tiempo que son los 5 minutos. Dependiendo el precio del día se debe aplicar expiración a la pérdida de presión de mercado.

Por regla general tu entrada debe mantenerse siempre confirmada sobre tu precio de entrada o debajo de tu precio de entrada si es una venta. Si tu entrada es cercana a un nivel psicológico conviene expirar frente al riesgo que pierda confirmación. Es importante que no abuses de esta herramienta muchas veces perderá confirmación pero se mantendrá dentro de los parámetros aceptables. Con la experiencia sabrás filtrar que operaciones valen la pena esperar y cuáles no.

Ej: precio de entrada compra EURUSD 1,0950 si el precio pierde presión compradora en este nivel expirar la posición. El nivel de compra en 1,0950 podría ser tarde si el mercado toma ganancias en este nivel psicológico. Dentro de los 5 minutos siguientes tu precio podría estar en 1,0920! No permitas que te agarre de improvisto una situación así.

Ej: precio de entrada compra EURUSD 1,0930 si el precio pierde confirmación y cierran los 5 minutos debajo de 1,0930 se expira la posición. En estos niveles la fluctuación es tolerable dado que están juntando más compradores para llegar a los 1,0950.

Ej: precio de entrada compra EURUSD 1,0920 y fluctuación subsiguiente del mercado entre 1,0920 y 1,0910 pero sin pérdida de confirmación, la orden puede mantenerse y no hay expiración.

Ejemplo de cobertura: EURUSD opera en el intradiario de 1.1340 y 1.1362. El trader entra compra en 1.1352, por tanto, si enfrenta una reversión intradiaria deberá expirar naturalmente debajo de 1.1340, sin embargo nivel de vencimiento de su orden será debajo de 1.13. Toda compra sobre 1.13 es válida mientras que debajo de 1.13 queda fuera de rango. La decisión podrá tomarse mucho antes de 1.13 dependiendo el criterio del trader. Por ej. Si pierde la confirmación dentro de la temporalidad de 5 minutos y cierra debajo de 1.1350 entonces expiramos en ese momento. **Esto pretende explicar que el**

mercado opera en áreas donde puede haber fluctuación y drawdowns pero son aceptables en trading intradiario y no requieren tomar pérdidas. Todo cambiará si el precio queda debajo de 1.13.

Cuando el escenario de expiración no se planificó de antemano entramos en riesgos de echar mano a la cobertura. Si la compra está dentro de un rango definido entonces pero luego de ese rango corresponde a que siga su curso al rango subsiguiente. Una posición no debería de sostenerse más de 50 u 80 pips sin cubrir. Habrá excepciones pero si aún estas construyendo tu sistema trading con acción de acción de precios recomiendo considerar no tener una tolerancia máxima de 80 pips para cubrirte del mercado. En el caso de los índices las coberturas se consideran a los 100 puntos. Las expiraciones aplican igual que en mercado forex. Ej: si entra compra el Nasdaq en 14.550 y 171 el precio pierde confirmación debajo de 14.550 dentro de la temporalidad de 5 ó 15 minutos tomas la pérdida. Si en cambio el precio solo fluctúa entre 20 y 10 puntos pero no pierde la confirmación debajo de los 14.550 puntos entonces se mantiene válida. Por otro lado, debajo de 14.500 puntos ya podríamos pensar en cubrir.

Las expiraciones aplican a todas las entradas. Lo importante es que el trader defina ANTES de entrar a mercado cual será su plan de escape.

Para comprender los precios expirados, el trader debe comprender en que rangos está operando. Los niveles o precios psicológicos son una guía para operar con precaución y en que niveles poder soltar su trading con tranquilidad. Los intervalos de mercado intradiarios se consideran desde el mínimo o máximo de la sesión de Europa hasta el mínimo o máximo de la sesión europea. Resumiré en los siguientes puntos para una mejor comprensión:

- Intervalos intradiarios se considera al overlap entre Europa y Estados Unidos
- Niveles psicológicos son los precios donde el mercado comienza a consolidar sea por indecisión a toma de ganancias.
- Precio psicológico es donde el mercado cierra sin decimales.
- Un precio comprador expira cuando el mercado vence el mínimo del rango comprador.
- Un precio vendedor expira cuando el mercado vence el máximo del rango vendedor.
- Expiración con pérdida de confirmación es tomar una pérdida de una orden al momento que el precio pierde su confirmación dentro de una temporalidad ideal entre 5'y 15'.

RANGOS Y PRECIOS PSICOLÓGICOS

A continuación veremos unos ejemplos de intervalos de mercado intradiarios. *Este mismo ejemplo de análisis debemos hacer antes de entrar a mercado para tener en cuenta qué niveles tener presente para las reversiones y expiraciones.* Los precios psicológicos son los típicos niveles donde el mercado aguarda para tomar sus decisiones más importantes. Se caracterizan por ser niveles cercanos precios cerrados sin decimales. Es siempre conveniente detectar donde se encuentran los niveles psicológicos para estar atentos a posibles reversiones.

Al estar preparándote para tu trading del día, coloca líneas de referencia en los precios psicológicos de referencia cercanos a tu posible entrada: Ej: en el gráfico siguiente: 1.12 y 1.1180 son los niveles que marcan la cancha del día dentro de esos extremos conviene no meterse ni dejar posiciones pendientes.

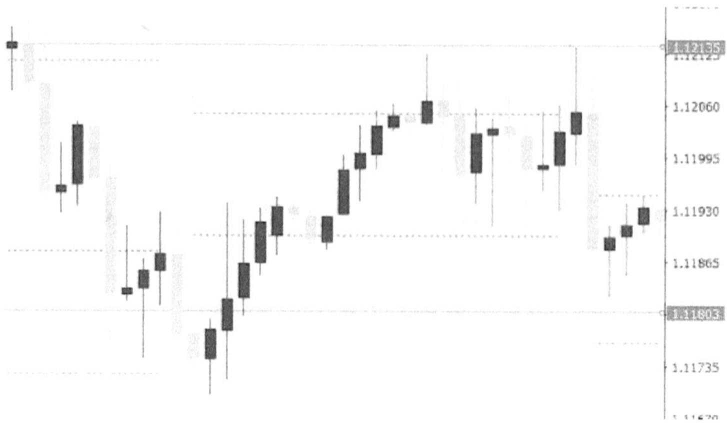

EURUSD Gráfico 1 hora.
Intervalo intradiario.
Total: aprox 20 pips. Mínimo 1.1180.
Máximo 1.1213.
Precios compradores 1.1180 a 1.1190.
Debajo de 1.1180 expiración de compras. Comienzo de vendedores.

Los intervalos intradiarios tienen en promedio entre 20 a 25 pips. En días de dato de alto impacto podremos ver un intervalo o rango de hasta 180 pips totales, pero son casos extraordinarios. Lo importante, es manejar el área de mercado con flexibilidad entendiendo que la volatilidad puede dar una perspectiva muchas veces errónea sobre los precios expirados.

EURUSD
1 hora.
Intervalo intradiario 17 pips aprox.
Mínimo: 1.1185.
Máximo: 1.12.
Día de alto impacto al cierre de mercado hasta 1.1237.

En días donde el mercado rompe los niveles máximos o máximos psicológicos como 1.12, el mercado tiende a generar un nuevo intervalo de mercado superior. Nuevo rango de EURUSD es con mínimo en 1.12 y máximos en 1.1220 y 1.1230 aprox. En este nuevo intervalo los precios compradores estarán en 1.12 y no en 1.1180.

En casos de reversión lo fundamental es tener en cuenta los intervalos operativos intradiarios versus los niveles de reversión del mercado. Los precios psicológicos mueven la vara del mercado.

La expiración de posiciones de mercado puede anticiparse una vez finalizada la sesión de trading. Si el día fue un día de compra,

y el mercado no logró sostenerse y cumplir sus intervalos estimados de compra, entonces probablemente cerrará vendedor. Si el mercado cierra vendedor, significa que cerrará debajo de los precios de apertura de mercados de Europa y Estados Unidos. Solo con esa información es suficiente para prepararse a cerrar órdenes expiradas de la sesión de mercado que acaba de transcurrir.

Una entrada compradora tendrá un nivel de cobertura y un nivel final de expiración. Lo que sigue luego de la expiración es tomar la pérdida paulatinamente de la orden que no logró cerrarse en el intradiario. En esta situación, el trader puede optar por sostener la orden hasta el inicio de la próxima sesión de mercado.

En la siguiente imagen se aprecia la hora de inicio y de cierre de los mercados europeo y asiático. La letra A está sobre la hora de apertura de Europa, por tanto, la apertura se considera vendedora dado que abrió a la baja, el pivot point también brinda esa información. Promediando de esta manera el inicio de mercado debajo de los máximos de 1.1360 y 1.1350. La letra B es el comienzo de la sesión de Estados Unidos, también debajo del pivot central y debajo de los máximos de 1.1360 y 1.1350.

Las letras C y D son las horas de los precios de cierre. La C marca el cierre de Europa, se aprecia que una hora logró sostenerse por arriba del pivot point central aunque aún debajo de los máximos. Finalmente la letra D cierra nuevamente debajo del pivot point central y debajo de los máximos.

El ejemplo de la imagen, fue claramente un día solo para vendedores, sin embargo, cercanos al cierre de Europa tuvimos un intento de mercado de sostenerse cercano a los máximos. Un trader con más experiencia hubiera manejado las coberturas por arriba de 1.1360, sin embargo, traders con menos experiencia comenzarían a tomar pérdidas a partir de esa hora donde el mercado se formó arriba del pivot central. Los vendedores de ese día hicieron un buen trabajo de análisis y estrategia, sin embargo, al momento cubrir por arriba de 1.1360 los problemas hubieran comenzado. En este día en particular, las ventas hubieran expirado por arriba de 1.1360.

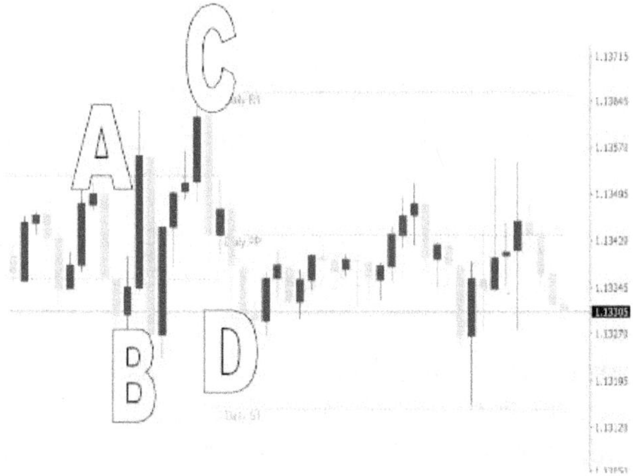

GBPUSD
1 hora.
Intervalo intradiario +100 pips.
Mínimo: 1.2694.
Máximo 1.2780.
Día de alto impacto con máximo hasta 1.2817.

En el ejemplo anterior, el precio se mantuvo debajo de los máximos del área de 1.2730 durante la apertura de Europa. El día indicaba que sería de venta con máximos en 1.2730. Junto con la apertura de Estados Unidos comenzó la volatilidad y cambió la presión de mercado del día de venta a compra. En cuestión de una hora el precio quedo por arriba de 1.2730, y la estrategia de mercado había cambiado. Luego de la apertura americana, ya eran solo compradores dominando el mercado.

Sin embargo, esperamos confirmaciones nuevas para continuar comprando dado que podíamos tener una percepción errada.

Luego una hora antes del cierre de Europa el precio volvió debajo de 1.2730, volviendo los vendedores nuevamente hacia 1.27. Finalmente, el cierre de ambos mercados se consideró superior a los precios de apertura, pero debajo de los máximos de 1.2730. En estos casos se abren ambas posibilidades: mercado asiático podría liquidar nuevamente el precio y volver los vendedores, o bien comprarse nuevamente hasta 1.2730 y retomar los compradores.

Volatilidad y acción de precios

Un desafío normal para los traders que operan en cubierto, es distinguir volatilidad con la acción de precios. El mercado abierto siempre tendrá más fluctuación de precios que el mercado cerrado o cercano al cierre. Dicho esto, al manejar las coberturas debemos tener siempre la prudencia de considerar un spread más alto de lo normal. Una cobertura podría accidentalmente dejarnos en cubierto por volatilidad y no por actividad de mercado. Ten muy presente esos momentos del día por un posible ajuste de precios. No queremos que los ensanchamientos de spread alcancen ficticiamente los precios que más necesitamos.

Volviendo al ejemplo anterior...

Si los máximos están entre 1.1350 y 1.1360 observar siempre la actividad de precios superior al nivel 1.1360. Un trader metódico cubrirá en 1.1350 donde ahí si podrá ganar sobre las compras manteniendo su venta inicial. Sin embargo, tendrá más prudencia con las coberturas en 1.1360. Una última compra podría activarse cercano a 1.1360 solo por un ensanchamientos de spread. En mercado abierto 3 ó 4 pips no hacen la diferencia para la acción de precios de órdenes activas, pero si para órdenes pendientes.

Al comienzo puede resultar conflictivo el manejo de coberturas. La tendencia de todos los traders al comenzar a operar en cubierto es cambiar la estrategia. Más del 50% de los traders intentará volver al stop loss y otro tanto directamente optar por no utilizar cobertura.

Regla sobre coberturas: La estrategia no debe cambiarse, aunque sí es fundamental ajustar los niveles de precios para cubrir y tener más tolerancia en días de volatilidad. Con el tiempo, se consigue suficiente experiencia para saber los niveles más convenientes para cubrir que otros. Lo cierto es que no es posible predecir cuando un día de trading será más o menos volátil.

Aquí mostraré unos ejemplos completos de cómo debe ser tu análisis antes de entrar a mercado diariamente. Utilizaré todas las herramientas explicadas en este apartado sobre pivot points, precios, coberturas y cierres de mercado.

Ejemplo 1: Instrumento: EURUSD

Temporalidad gráfica: hora.

Fecha: 18 al 22 de Febrero 2019.

Proyección del activo: venta.

Situación macro: Banco central europeo dovish, tasas de interés bajas sin cambios.

Precios máximos: desde 1.1330 a 1.1350.

Precios mínimos: desde 1.1270 a 1.1250.

El gráfico de este ejemplo se encuentra al final, verás cada sesión diferenciada como PP1, PP2 y PP3.

PP: indica donde están ubicados los pivot points centrales en tres sesiones de mercado diferentes consecutivas.

PP 1: precios debajo del pivot point central a la apertura de mercado de Europa, indica día en venta. Swing diario completo hasta S1 (línea verde), luego hora de apertura de Estados Unidos, swing revierte desde S1 hasta pivot central nuevamente.

Estrategia: preferencia de entrada a venta en favor de proyecciones. Se confirma la venta debajo del pivot point central en apertura europea. Luego, apertura de Estados Unidos confirma compra.

Cobertura: buy stop 1.1310, arriba de 1.1310 expira la venta. Precios de apertura: debajo de 1.13, swing completo hasta 1.1250. Precios de cierre: por arriba de 1.13.

Volumen: día activo en volumen y alta volatilidad.

Cierre del día: La sesión de trading de ese día cerró comprador para EURUSD. Se esperaría que el precio siga subiendo durante la sesión asiática siguiente.

PP2: Precios por arriba del pivot point central, swing completo hasta R1. Apertura de ambos mercados en compra, y precios de cierre de mercado igual que los precios de apertura.

Estrategia: compra en contra de proyecciones. Se entra sin confirmación, se espera un precio cercano al máximo de 1.1310 considerando como target 1.3020 y 1.1330.

Cobertura: sell stop 1.1290, debajo de 1.13 expira la compra.

Precios de apertura: arriba de 1.13 Precios de cierre: en 1.1330.

Volumen: bajo, en consolidación entre 1.13 y 1.1330.

Cierre del día: la sesión de trading entre Europa y Estados Unidos cerró sin cambios o igual que los precios de apertura. Ambas sesiones de mercado no lograron sostener los precios en la zona de máximos. Esta información implicaría consolidación para la próxima sesión de mercado o bien ventas.

PP3: precios en la sesión europea cierran por arriba de 1.13 del pivot central, luego la sesión americana cierra debajo del central de 1.13 hacia el target de 1.1280 en S1.

Estrategia: la apertura de Europa confirmó ventas debajo de 1.1310 con swing completo hasta 1.1280.

Cobertura: buy stop a 1.1310, por arriba de 1.1310 el precio subirá a 1.1320 y 1.1330, sin embargo, la ventas en este caso no expiraran a menos que supere 1.1350. El buy stop a 1.1310 se hace con el doble de lotaje o contrato de la posición de venta. El intervalo se extendió desde 1.1290 hasta 1.1350. Si la venta expirara arriba de 1.1350 es mejor estar preparados con posiciones en cubierto grandes, dado que luego hay que tomar perdidas el impacto en la cuenta seria menor. La apertura americana confirmo compras por arriba de 1.1280 con swing completo hasta 1.13 y 1.1320.

Cobertura: sell stop 1.1270.

Precios de apertura: sesión Europa abrió arriba de 1.1310 y la sesión americana abrió arriba de 1.1290. En mercado europeo predominó la venta al atravesar el pivot central, mientras que la sesión americana predominó la compra arriba de S1 hacia el pivot central.

Volumen: alto, sumado a volatilidad en área de máximos diarios.

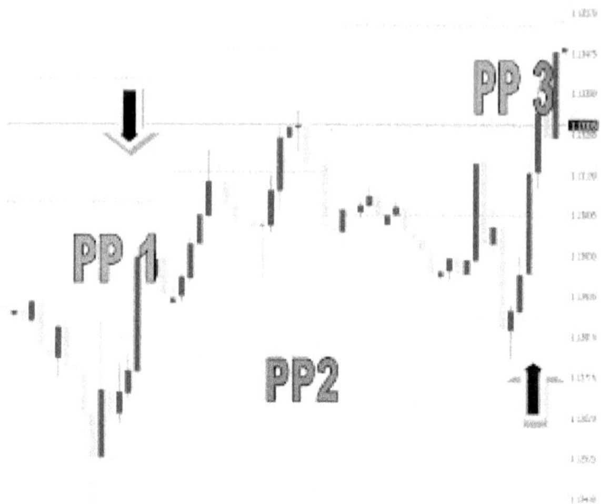

Instrumento: Oro Temporalidad gráfica: hora Fecha: 18 al 22 de Febrero 2019.

Proyección del activo: compra Situación macro: aversión al riesgo Precios máximos: desde 1345 a 1250.

Precios mínimos: desde 1240 a 1238.

PP1: Precios debajo del pivot central en Europa y confirmación arriba del pivot central durante sesión americana hacia R1, R2 y finalmente R3.

Estrategia: se esperan precios compradores en S1 hasta pivot central y luego se realiza otra compra pasando el pivot central hasta R1 y R2. El mercado completa su swing diario en favor de proyecciones a pesar de la apertura de venta en mercado europeo.

Cierre del día: los precios de cierre fueron superiores a los de apertura, indicaría más compras para la sesión de trading siguiente o posible consolidación. Volumen: alta volatilidad.

PP2: mercado abre arriba del pivot central rodeando el área de R1.

Estrategia: dado que el precio se encuentra en consolidación y está por debajo de un importante máximo como 1350, se prefiere esperar una confirmación vendedora debajo del mínimo diario o bien posible compra por arriba del máximo 1350. Un día como el que se presenta en el gráfico, no tuvo entradas. Cierre del día: los precios cerraron en los mismos niveles de apertura, conservándose debajo de máximos, esta información dan pautas de una posible consolidación o corrección vendedora para la sesión de mercado siguiente. Volumen: bajo, poca volatilidad.

PP3: apertura de Europa debajo del pivot central, mercado en S1, debajo de S1 cae a S2 y finalmente S3 en torno al cierre del día.

Estrategia: se entra venta a la primera hora de mercado, no se intentan compras a pesar de estar zona de compradores.

Cierre del día: mercado cerró por debajo de los precios de apertura de 1340, todo indicaría que sigue bajando durante la sesión posterior.

Volumen: alto con baja volatilidad.

Gráfico en siguiente página...

Instrumento: AUDUSD Temporalidad gráfica: hora Fecha: 18 al 22 de Febrero 2019.

Proyección del activo: venta.

Situación macro: banco central dovish. Precios máximos: 0.7190 a 0.7180.

Precios mínimos: 0.71 a 0.7090.

PP1: Precios arriba del pivot central hacia R1, al finalizar la sesión consigue subir al próximo nivel o R2.

Estrategia: se confirma compra arriba de 0.7150 hasta target 0.7170. Luego del primer target consigue así el segundo de 0.7180. La entrada del día es la primera compra hasta 0.7162. Se prefiere cerrar la compra antes de R2 ó 0.7170 y 0.7180. Debajo de esos máximos las posibilidades son bajas a que el precio subiera y la compra podría no alcanzar a completar tu swing.

Cierre del día: el mercado cerró por arriba de las aperturas. Lo cual indicaría que el mercado pasaría los máximos del área en la sesión siguiente.

PP2: el mercado europeo abre debajo del pivot central confirmando así sus primeras ventas debajo de 0.7160 hasta S1, S2 y finalmente los mínimos del área. Luego la apertura de mercado americana tuvo presión compradora en los mínimos de 0.71 hasta S2.

Estrategia: se hace una primera venta luego de S1 para asegurarse que el mercado salga de la zona de máximo de 0.7150. La venta se sostiene hasta 0.7110. No se realiza la compra del mercado americano, sino que se vuelve a vender al confirmar nuevamente debajo de 0.71 ó debajo de S1 hasta target del área de 0.7090. Cobertura buy stop 0.7160.

Cierre del día: el mercado cerró en el cruce debajo de sus precios de apertura, lo cual indica que seguirá bajando en la sesión de mercado siguiente.

PP3: El mercado abre comprador atravesando rápidamente el pivot central hasta los máximos del área debajo de 0.7150. Al cierre de mercado tenemos un cruce comprador. Los niveles de apertura quedan por debajo del cierre del día confirmando interés comprador.

Estrategia: al tratarse de mínimos del área de mercado y tener una sesión anterior vendedora, se espera una confirmación compradora por arriba de su pivot central ó 0.7120. La compra se extiende con target a 0.7130 y 07140. Cierre del día: comprador. Sin embargo, se encuentra debajo de 0.7150 por lo tanto los precios podrían no llegar a sostenerse al día siguiente. En estos casos es importante considerar los niveles psicológicos del área. Puede tratarse que el precio de 0.7150 es el máximo del área de mercado. Esta situación marcaría una posible nueva venta hasta 0.7130 y 0.7120.

PETRÓLEO

Dentro de las commodities energéticas las más comunes para entrar a mercado es el petróleo, tanto Brent como WTI. El crudo tipo Brent se extrae del mar del Norte: Brent, Forties, Oseberg y Ekofisk (denominados en conjunto como BFOE). El uso de este tipo de crudo es importante por tratarse de ser dulce y ligero, lo que hace que sea más fácil convertirlo en diesel y gasolina. Esto, junto con su relativa facilidad de transporte al ser producido en el mar, lo convierten en una variedad tan extendida.

El WTI o también conocido como Texas light sweet, es un grado de petróleo más utilizado como referencia mundial para el precio. Este estado se describe como petróleo crudo ligero gracias a su densidad relativamente baja y dulce con bajo contenido de azufre. Esta variación cotiza en los Estados Unidos. Otros marcadores importantes del petróleo incluyen el crudo de Dubai, el de Omán, el petróleo Urales y la canasta de referencia de la OPEP. El período alcista se ve frenado entre septiembre y diciembre de 2008, las cotizaciones marcaban los 32 dólares.

El motivo del quiebre es por la crisis que tuvo lugar ese año. La quiebra del banco de inversiones estadounidense Lehman Brothers, fue un punto de inflexión, siendo para dicho momento, la peor recesión económica mundial desde la Segunda Guerra Mundial. Caída del PIB, aumento del desempleo son solo dos de las grandes consecuencias de lo sucedido.

Desde 2009 hasta 2014, los precios crecieron paulatinamente, teniendo un repunte que retomaría la cotización de 100 dólares el barril de petróleo. El motivo detrás de ello, es la reactivación de las economías y el incremento de la demanda asiática. El crecimiento en la demanda de energía en economías emergentes con poblaciones significativas como China e India permitió el auge económico en el sector energético.

No obstante, comenzaron a desarrollarse sucesos que afectaron la cotización. Éstos, pueden resumirse en el periodo conocido como la Primavera Árabe, el conflicto en Siria, los conflictos en Yemen o Irak y la crisis de Ucrania. Desde 2014 a 2019, el mundo estuvo marcado por un descenso de la demanda Actualmente estamos a mediados del año 2020 y esta última crisis (Covid-19) nos da un panorama muy diferente con el precio sobre el cual hablamos en la primera edición de este libro. Todo parece indicar que ha terminado la era del oro negro. Por más de 20 años el petróleo ha cotizado por arriba de los 30 dólares el barril. Ni siquiera la última crisis del 2008 llevo al precio de barril a valer un solo dígito. Lo más bajo que cayó en 2008 fueron 33 dólares y ya nos parecía que era el piso histórico del precio, pero nos equivocamos.

El precio del crudo nos está adelantando que ha cambiados sus zonas de mercado para siempre. La falta de demanda combinado con los altos costos de almacenamiento hará del crudo un activo fuera de mercado. Posiblemente este sea el inicio de una era de reemplazo del uso del petróleo hacia la industria de energías alternativas y renovables. La puja entre oferta y demanda, tiene su trasfondo directo con la concentración del recurso –limitado y preciado– en territorios donde su extracción será el punto de partida para muchos conflictos de interés. El contexto económico internacional ha sufrido altibajos, recesiones, depresiones y recuperaciones económicas que hicieron que los precios promedio del petróleo alcanzarán máximos y mínimos.

Conservaremos la información en esta edición de las zonas de mercado de petróleo anteriores a la crisis 2020, pero creo oportuno dejar pasar los niveles actuales antes de considerar las nuevas zonas de mercado. Necesitamos ver algo de recuperación económica y ver si la demanda del crudo continuará baja o no. Las economías continúan cerradas e inoperativas. Una vez que el ritmo económico vuelva podremos decir si la cotización se conservará debajo de 8 dólares o no.

En marzo de 2020, durante la pandemia y el confinamiento mundial, la previsión del precio del crudo Brent cayó a 28 USD por barril, una disminución de más del 5%. Los precios del petróleo de EE.UU. también cayeron a un mínimo de USD 19,20 por barril. Dentro del mismo mes, los precios cayeron por debajo de cero, llevando los precios a la zona negativa por primera vez en la historia del petróleo.

La caída en los precios se debió al estallido de la pandemia y el posterior desacuerdo sobre cómo afrontar la situación entre los países productores de petróleo. A inicios de marzo de 2020, Arabia Saudita inició una guerra de precios con Rusia, provocando una caída importante en el precio del petróleo. El precio del WTI cayó un 34% y el del Brent un 24%.

El conflicto se debió a una ruptura en el diálogo entre la Organización de Países Exportadores de Petróleo y Rusia sobre los recortes de producción de petróleo propuestos en medio de la pandemia. Con el fin de estabilizar y apaciguar las volatilidades, el 12 de abril de 2020, las naciones que conforman la OPEP+, llegaron al acuerdo de recortar la producción de crudo en 9,7 millones de barriles por día. Los países de la OPEP+, decidieron en julio de 2021, comenzar a incrementar la producción paulatinamente para alivianar las presiones inflacionarias que se estaban desarrollando. El incremento fue establecido de forma progresiva, sin embargo, estas cuotas de aumento, no fueron automáticas puesto que cada mes se reunieron los países OPEP + – aún lo hacen– para valorar el mercado y tomar su decisión.

Los traders deberán tener presente las fechas de rollovers para operar en petróleo, a diferencia de todos los otros activos financieros, el petróleo tiene vencimiento del precio del contrato e implica que no habrá actividad de mercado hasta que comience el nuevo precio. Este nuevo precio podrá significar un gap de mercado menor o a veces muy importante. Si entras a especializarte en esta commodities ten presente las fechas de rollover. Una posición que se sostiene justo en un día de vencimiento no tendrás control de la misma hasta que comience el nuevo precio en el mercado.

El mapa de precios del petróleo WTI antes de la crisis 2020 se dividía de la siguiente manera:

Niveles históricos.

> 50 zonas de compradores Máximos: niveles de 60 y 70.

< 50 zona de vendedores Mínimos: niveles de 40 y 30.

El siguiente gráfico muestra la actividad de petróleo desde los últimos 4 años en gráfico diario. El WTI presenta área de compradores por arriba de 50 dólares el barril, a partir de allí supera máximos hacia 64 y pasando 64 continúa hasta 74 dólares. Por el contrario, debajo del área de 50 dólares el barril cae a 44.60, una vez debajo de 44.60 consigue mínimos de hasta 35.80 dólares aproximados. Decidimos partir el mapa de precios dado un espectro general para dar un espectro de todos los posibles intervalos del WTI.

A continuación agregaremos con más detalle las áreas de mercado del año 2019:

Febrero-Marzo, comienza el año en nivel comprador superior a 50 dólares. Área de máximos: 63 y 66 en el año Área de mínimos: 54 y 52.

La información que afecta la cotización del WTI varía año tras año. Actualmente datos como inventarios de petróleo dejaron de tener impacto en el mercado. Antes de la crisis 2020 un simple recorte de extracción de crudo acordada por países productores afectaba el precio del mismo. Actualmente la información de inventarios es irrelevante. El precio solo conseguirá subir si la demanda se reactiva. Tener en cuenta que el factor de conflicto geopolítico sería el único catalizador de la reactivación de demanda a los niveles necesarios para que el precio vuelva a sus zonas de mercado normales.

DESAFÍOS INTERNACIONALES

Es fundamental tener en consideración cómo funcionan las fluctuaciones de una moneda sobre otra. No todos los países tienen la misma política sobre como manejan su tipo cambiario. La relación de una moneda sobre otra puede ser de dos tipos: variable o fijo. El tipo de cambio fijo es aquel donde el valor de una moneda se ajusta al valor de otra divisa de referencia o conjunto de estas. También el régimen cambiario podría ajustarse al oro.

Un tipo de cambio flotante o variable está determinado por la oferta y la demanda en el mercado abierto o libre competencia. Un tipo de cambio flotante no significa que los países no intenten intervenir y manipular el precio de su moneda. Los gobiernos y los bancos centrales regularmente intentan mantener su precio favorable para el comercio internacional. Esta intervención no se hace directamente sino mediante otros mecanismos como el ajuste de la tasa de interés.

A mas interés pagado por el valor de una moneda más sube su precio, contrariamente a menor interés menos valor tendrá.

El beneficio de ajustar una moneda en relación a otra (sobre todo entre países de cercanía geográfica) es que facilita el intercambio comercial, las inversiones, etc. Cuando el Euro entró en circulación en 1999 mantuvo temporalmente un tipo de cambio fijo con algunas divisas. Luego en 2002 reemplazó a 12 monedas nacionales.

El mercado de divisas internacional ha tenido hitos históricos que pocos traders olvidaremos. Solo cinco años atrás en el 2015 presenciamos el colapso del franco suizo. El franco suizo se encontraba en una fluctuación ficticia contra el euro, el euro se suponía que no podía caer de 1.20 contra el suizo. El trading entre euro y franco suizo (EURCHF) fue estable y rentable por 3 buenos años. La formula era sencilla, el banco de Suiza no dejaba caer de 1.20 euros por suizo, era cuestión de comprar euros en 1.20 contra el suizo y el resto era trabajo de la fluctuación establecida. Los suizos deciden cortar con esta banda de fluctuación artificial y en cuestión de segundos paso a valer 0.85 y no 1.20.

Los pares para entrar a mercado aprovechando la fluctuación preestablecida eran el USDCHF y EURCHF principalmente. Les mostraré el resultado del de ese 15 de enero de 2015 luego de la decisión del Banco Central Suizo de cortar su fluctuación con el euro. En menos de un minuto de tiempo el mercado se quedó sin precios del franco suizo. La percepción fue una caída del precio pero lo cierto fue que dado que al momento de vender no había contraparte de compra, por tanto las posiciones no fueron concretadas, sino que solo se vio un gap de precios que pasó de 1.20 a valer 0.97 en el EURCHF y de 1.02 a 0.82 en el USDCHF.

EURCHF

Precio antes del crash: 1.20.

Precio luego del crash: 0.97.

USDCHF

Precio antes del crash: 1.02.

Precio luego del crash: 0.83.

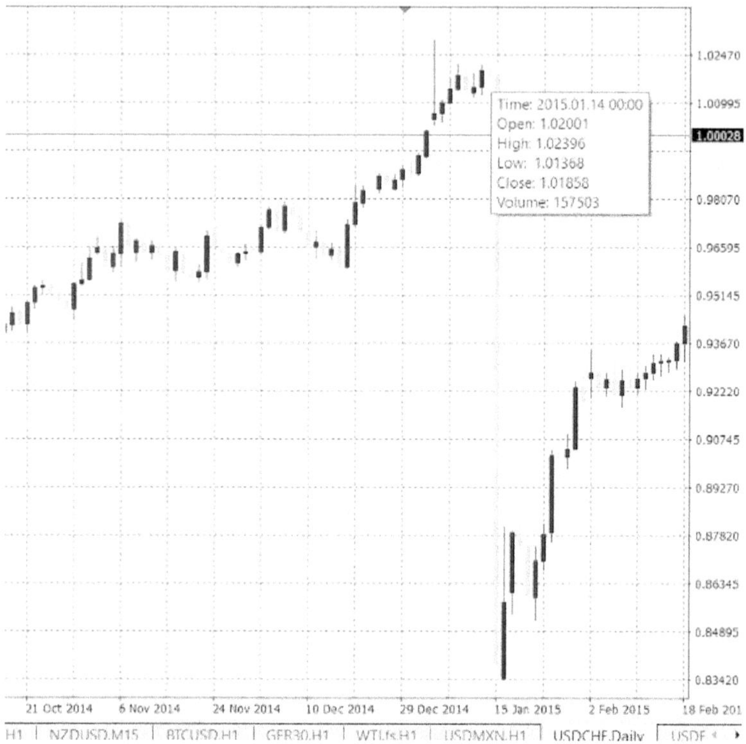

Muchos desafíos internacionales continuarán ocurriendo. En la medida que el mundo se hace cada vez más globalizado los países deben ser más competitivos para subsistir. Esa pelea comercial hará que la guerra de divisas continúe. En la mayoría de los países de la Unión Europa se mantiene una agenda abierta y de libre comercio buscando la integración. Sin embargo, no todos los países cuentan con esas mismas intenciones y también la agenda del líder de turno puede cambiar a la de su antecesor.

Un ejemplo de este desafío internacional entre integración y separación fue el Reino Unido en el 2016. Sus ciudadanos votaron en su mayoría el referéndum salirse del bloque económico. La agenda internacional económica de los Estados Unidos está también con la dualidad entre integración y proteccionismo. Acuerdos como el NAFTA entre Canadá, México y Estados Unidos los cuales aún se mantienen vigentes. Sin embargo, con su principal socio comercial chino, ocurre todo lo contrario. La estrategia proteccionista de tarifas a las importaciones es comúnmente utilizada para salvaguardar la industria nacional. Esta estrategia debe realizarse limitadamente y en ciertos productos que no afecten lazos comerciales.

Los desafíos que presenta para el futuro de la integración comercial el uso de estrategias proteccionistas continuarán si no te establece un uso diplomático para ambas partes afectadas. La relación del Reino Unido con la Unión Europea será ahora basada un futuro incierto lleno de complicaciones sobre temas migratorios y económicos. La principal divisa afectada será la libra por sobre el Euro. El Reino Unido perderá terreno en la arena económica de la Unión Europa. Empresas y mano de obra se desplegarán de a poco hacia países que sí estén dentro de la Unión.

El tratado de la Unión Europa es flexible en cuanto a libertad de los países de poder retirarse unilateralmente del bloque económico (artículo 50). Tanto el Reino Unido como futuros países que decidan volver a controlar sus políticas afectadas por su relación con el bloque económico podrán hacerlo. Dicho esto el euro como divisa está en constante amenaza por la situación de los países que adquieren la moneda.

El tratado de la Unión Europa es flexible en cuanto a libertad de los países de poder retirarse unilateralmente del bloque económico (artículo 50). Tanto el Reino Unido como futuros países que decidan volver a controlar sus políticas afectadas por su relación con el bloque económico podrán hacerlo. Dicho esto el euro como divisa está en constante amenaza por la situación de los países que adquieren la moneda.

Los desafíos internacionales son impredecibles para el mercado. Empiezan sin aviso y finalizan sin razón. Es imperativo que estés preparado en tu carrera de trading para todo tipo de situaciones. Los conflictos de países limítrofes desestabilizan una región completa. Primero se verá afectado el valor de la moneda luego los índices y más tarde los precios de las commodities. Sin embargo, todo se traduce en oportunidad si lo ves desde la óptica y con el plan de trading correcto.

OPORTUNIDADES INTERNACIONALES

Definimos como oportunidades aquellos momentos del año donde se presentan factores temporales para el trading. Años electorales, cambios estacionales, celebración de acuerdos de comercio, reemplazo de monedas en circulación por otra, etc.

Las elecciones presidenciales son oportunidades que cada cuatro años los traders comenzamos a estar atentos. Cada representante tendrá una postura diferente y antagónica respecto del libre comercio, políticas comerciales, política monetaria, inmigración, etc. Esta diversidad de propuestas comienza a ponerse en el tablero del mundo financiero y las especulaciones de los inversores comienzan.

Típicamente el candidato con más apertura a la integración y más agresivo sobre temas de política monetaria será quien tenga más adeptos desde el mercado financiero. Las elecciones que más seguimos en el trading son las de los Estados Unidos, Alemania y Francia. Para aprovechar estas oportunidades analizamos ambos candidatos, el que sea pro mercado será nuestro favorito para comprar la moneda en sus cruces y en el índice representativo. Este candidato es siempre el favorito en el mercado financiero. Por el contrario, el candidato opositor con un perfil más conservador, tanto comercial como de política monetaria no tendrá adeptos en el mercado. La moneda tiende a perder valor con los demócratas así como también el índice bursátil representativo.

El candidato ganador en días previos al domingo electoral es del lado republicano generalmente hará subir al dólar. Tener en cuenta que el mismo mes de las elecciones Estados Unidos tiene debates previos a las elecciones. La noche de los debates pueden generar volatilidad en las divisas por lo tanto hay que permanecer alerta en todo evento que involucre las elecciones.

Los referéndums también son buenos momentos para el mercado. Cuando se solicita la participación pública de la ciudadanía para decisiones de integración geográfica u otros temas. En la historia de la Unión Europea tenemos dos eventos masivos que fueron claves para el Euro.

El Grexit o salida de Grecia de la Unión Europa (2015) y el Brexit (2016). Ambos fueron momentos muy tensos para la UE. En el primer referemdum se descartó un Grexit gracias al acuerdo con la UE de crear un Mecanismo de Estabilidad (MEDE). El procedo previo a esos meses estuvo minado de oportunidades en cruces con Euro. En cambio, en el segundo referéndum donde se votaba por la salida del Reino Unido sí tuvo éxito la salida del bloque económico. Este proceso se extendió en negociaciones y extensiones hasta que finalmente se concretó su salida el 31 de Enero de 2020.

Respecto a las monedas de países emergentes también encontramos oportunidades en años electorales. El trading intradiario es posible en los grupos minors aunque más costoso el trading a razón del bajo volumen que estos tienen. Los cruces de monedas emergentes o grupo de los minors presentan oportunidades pero los horarios son más ajustados. Recordar que las cotizaciones del peso mexicano y el peso chileno solo funcionan en los horarios de actividad de esos países. Por lo tanto, por más que el dólar este activo, la fluctuación de la otra moneda solo le hará contraparte activa si su mercado está abierto. Dicho esto, al operar emergentes tener en cuenta el horario de apertura del mercado local y su cierre.

No es lo mismo el funcionamiento del grupo de las divisas majors (mayores) con el de los menores. Sumado a esto los spreads son considerablemente más altos que en los mayores. Veamos solo ejemplos de las zonas de mercado de ambos cruces, sin embargo, no indagaremos sobre estrategia o temas fundamentales. Tener presente todos los datos que afectan las monedas emergentes, y conocer bien la volatilidad de ambos cruces. A continuación comentaré solo sobre las zonas de mercado operativas y las transiciones de precios en ambos casos.

USDMXN

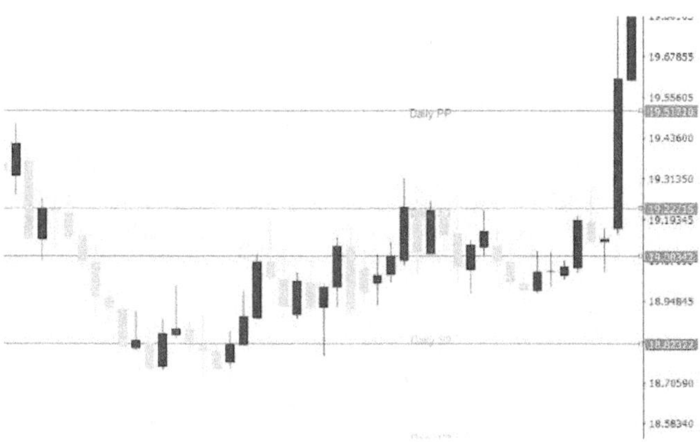

Zona de compra.

> 20 dólares.

Zona de venta.

< 20 dólares.

Mínimos anuales 2019 18.80.

Máximos anuales 2019 19.50.

Precios compradores e intervalos.

18.80 a 19 19.08 a 19.50.

19.50 a 20.

El cruce se encuentra debajo de 20 dólares y responde a zona de vendedores, sin embargo, este año comenzó con compradores acumulándose desde el mínimo de 18.82 hasta 19.00, luego superó los 19 dólares y continúa acumulando compradores. Por tanto, podría interpretarse que se inició dentro de la zona de debajo de los 20 dólares pero con nuevos mínimos.

Los niveles estratégicos de este cruce son para compradores entrando en 18.80 y 19.08. Para vendedores los niveles estratégicos son 19.22 y 19.50.

USDCLP

Zona de compra.

>500 dólares.

El cruce se encuentra en sus máximos históricos. El cruce no ha respondido a zonas vendedoras, sino que año tras años ha presentado acumulación de compradores y nuevos máximos hasta los presentados entre 2018 y 2019.

Superando los 650 dólares sube al área de 680. Luego en 680 entra los vendedores o los compradores toman sus ganancias (mismo concepto). Sin embargo, luego de pasar los 680 consigue nuevos máximos en 695, dentro de la fluctuación 680 y 695 le han seguido nuevos compradores hasta los máximos de 700 dólares.

La dificultad que presentan los cruces emergentes es la directa e importante relación muchas veces con commodities. El real brasilero y peso mexicano tienen movimientos de mercado directamente relacionado a veces a las correcciones del precio del petróleo. El estado de situación de relaciones comerciales regionales y de integración latinoamericanas también es marco para correcciones de mercado de estas divisas.

La necesidad de unir fronteras comerciales y formar bloques inquebrantables se ha encontrado con un problema en común: inmigración no deseada. Los intereses económicos no acompañan muchas veces los intereses nacionales.

Estados unidos con su pretencioso plan de hacer pagar a China por patentes, royalties y derechos con un contraataque de tarifas a la importación resultó de conflictos hasta diplomáticos.

POLÍTICA MONETARIA

La política monetaria se compone de varias aristas que determinan finalmente que los bancos centrales suban o recortan sus tasas de interés. En simples términos los entes reguladores de la económica pueden tener una política monetaria expansiva o contractiva. Una política de expansión ocurre cuando una autoridad monetaria usa sus herramientas para estimular la economía. Una política expansiva tendrá una tasa más baja de lo normal o aumenta la oferta total de dinero aceleradamente. Estabilizar o bajar el desempleo, contribuir al producto bruto interno y mantener un tipo de cambio estable está dentro de los objetivos.

Para el trader intradiario operar la publicación de tasas de interés es el evento más esperado. A diferencia de operar sobre indicadores económicos, las tasas de interés son por excelencia el principal dato que proporciona impacto en el mercado y hasta posibles reversiones.

Las tasas de interés de los siguientes países, por orden relevancia: Estados Unidos, Canadá, Australia y Nueva Zelanda. Países emergentes generan oportunidades para operar con tasas de interés, pero no anuncian sus fechas de ajuste con anticipación suficiente y hasta a veces se toman decisiones sobre la marcha de la economía.

En cuanto a qué esperar de las tasas de interés hay tres escenarios posibles: mantención, aumento o recorte. El objetivo como traders es adelantarnos al anuncio y operar más allá del pronóstico otorgado. El mercado descuenta la información. Cuando el pronóstico sea un recorte o un aumento verás que casualmente el precio estará posicionado en situación de máximos –en caso de recortes- y en mínimos en caso de subas. Mientras que si mantienen los tipos de interés estarás en precios de consolidación.

No todos los años la tasa de interés será dato de impacto para el mercado. Este dato refleja el estado de los inversiones sobre factores que alteran el curso de la economía. Cuando la inflación es alta entonces deja incómodos a los inversores y se estima un ajuste de la tasa de interés –a la suba-. Cuando la inflación se estabiliza entonces ya la tasa comienza su ciclo de recorte y baja. Si los factores externos son estables, tanto la inflación, empleo, producción entonces los tipos de interés se estabilizan también.

Cuando de tasas de interés se trata los pasos de análisis operativo es el siguiente:

- Tasa de interés actual x
- Tasa de interés pronóstico = (mantención, aumento o recorte)
- Precio de mercado minutos antes del anuncio
- Planificar estrategia de entrada
- Posibles fallas

Una vez que se realizan las evaluaciones de escenarios de trading se procede a evaluar qué tipos de órdenes son más convenientes o bien la entrada a mercado spot. A continuación adjunto ejemplos de tasas de interés con operaciones realizadas en tiempo real con sus propios análisis...

Tasas de interés de Canadá.

USDCAD

24-10-2018.

Pronóstico: 1.5% Resultado: 1.75%

USDCAD

Precio antes del dato: 1.3095.

Precio al primer minuto de publicación: 1.30.

Precio 20 minutos finales: 1.2970.

125 pips totales.

Fundamento: sube la tasa de interés acompañado de una declaración de política estable tendencia hawkish. Aprecia el dólar canadiense contra el dólar americano.

Operar este dato fue predecible en función del pronóstico y resultado pero no en términos de estrategia. Como puede verse en el gráfico el precio al segundo antes del dato estaba en 1.3095, debajo del pivot point central. El precio debajo de 1.31 estaba en venta. Sin embargo, para no tener problemas de ejecución dada la volatilidad o posible GAP se decide rodear el precio de mercado solo tomando el escenario vendedor.

USDCAD

24-04-2019.

Pronóstico: 1.75% Resultado: 1.75%

USDCAD antes del dato: 1.3440.

Precio al primer minuto de publicación: 1.3506.

Precio 20 minutos finales: 1.3518.

78 pips totales.

Fundamento: mantención de tasas de interés acompañado de una declaración dovish. Política monetaria bajo presión internacional.

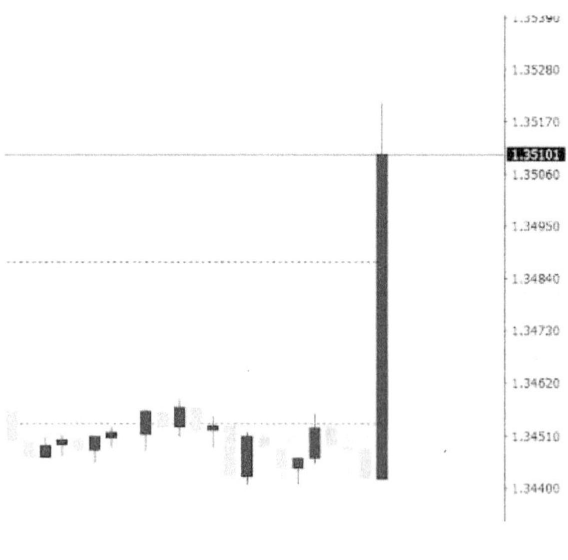

Para este dato el mercado se encontraba por arriba del pivot point central y se decide entrar compra con orden pendiente en 1.3450 a target 1.35 y 1.3510.

EURUSD

06-14-2018.

Pronóstico: 1.75% Resultado: 1.75%

EURUSD antes del dato: 1.1388.

Precio al primer minuto de publicación: 1.14.

Precio 20 minutos finales: 1.1480.

+90 pips finales aprox.

Fundamento: mantención de tasas de interés acompañado de una declaración dovish. Política monetaria bajo presión internacional.

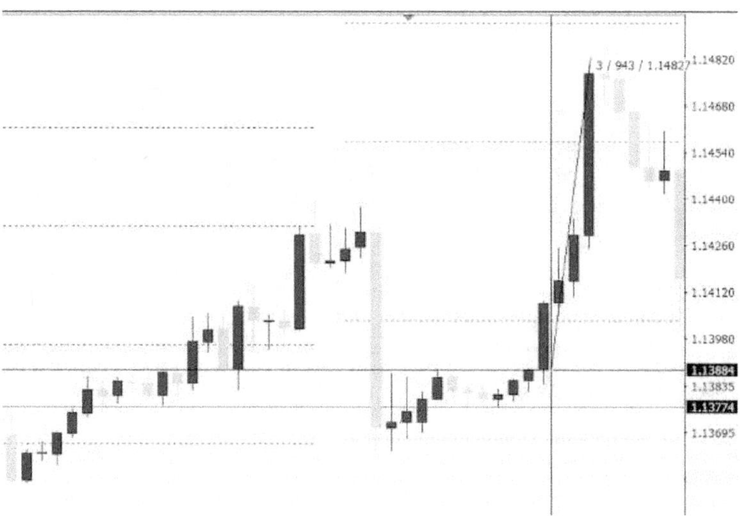

NEUROCIENCIA Y PROGRAMACIÓN

Todos los traders, sean profesionales o principiantes, llegarán tarde o temprano a necesitar hacer ajustes emocionales para aumentar y desarrollar sus capacidades. Sin una correcta mentalidad el trading online es inalcanzable. En este apartado necesito que prestes absoluta atención. Detente en cada parte que necesites, asimila cada concepto, pero, sobre todo, realiza tus propias notas de las herramientas que presentaré. El objetivo final es lograr un autodescubrimiento. Crees que te conoces, pero más del 80% de tu potencial creador aún no está explorado ni explotado.

Absolutamente nadie externo a tí podrá decirte qué debes cambiar y qué debes aceptar, solo tú tienes ese poder. Para conseguir ese control sobre tí mismo comencemos por lo más importante y que puedes aplicar inmediatamente: el poder de la palabra. Cada uno de nosotros posee un conjunto de destrezas y habilidades adquiridas que derivan de la plasticidad cerebral. Está demostrado que el ser humano puede cambiar su forma de pensar si cambia solo lo que dice. Luego, te guiaré sobre cómo controlar la parte emocional consciente y subconsciente.

A partir de este momento ya sabes que tu mente reacciona a lo que dices. Lo que dices verbalmente tiene impacto directo en tus resultados. Entonces, empieza rápidamente a producir los cambios que necesitas. Elimina por completo de tu vocabulario tus afirmaciones autodestructivas: "no sirvo para esto", "soy un desastre", "no tengo apoyo para tal o cual cosa". Absolutamente todo lo que tu realidad te esté presentando en este momento ha sido y es resultado de cómo has intensificado un solo momento de vida con afirmaciones autodestructivas. Los seres humanos somos expertos en esta materia, es como si desde el momento en que poseemos el poder de razonar y hablar, adquiriéramos la habilidad de autodestruirnos.

Nos han hecho ver que fallamos todo el tiempo, en la escuela, el trabajo y la familia. En el mundo del trading, cuando una persona está en sus primeros dos meses, donde todo va saliendo muy bien, de repente comienza a perder control de la estrategia y las emociones negativas lo inundan. Paso siguiente: comienza a acordarse que no era buenos en matemáticas, o que en verdad desistirá porque no ha tenido educación formal en económica o finanzas. Otros preferirían otras técnicas, culparán la situación económica o la inestabilidad internacional: "creo que independizarse ahora es muy riesgoso, aún no estoy preparado".

Aprender sobre tu cerebro y cómo las emociones son responsables de tus decisiones de trading despertará un sentido de alerta de tus pensamientos. Controlarás con mayor facilidad no solo tu trading, sino todo aspecto de tu vida. Lo primero a tener en cuenta es que el manejo emocional no es como aprender trading, para el control emocional deberás tener paciencia y trabajar de a poco. Pequeños cambios de hábitos mentales diarios generan grandes resultados más tarde. Tu cerebro es un músculo, pero en vez de referirnos a romper y a regenerar fibras musculares, aquí rompemos patrones de pensamiento y los reemplazamos por nuevos.

Millones de células nerviosas trabajan a modo de patrones que proporcionan pensamientos, emociones y actividades esenciales para que tu cuerpo funcione. Nuestro cerebro se compone de tres partes o sub cerebros. El primero y más primitivo que tenemos es el reptiliano. Luego tenemos el sistema límbico y, por sobre los primeros dos, la neocorteza. Pareciera que hemos evolucionado lo suficiente y que gracias al razonamiento tenemos control sobre nosotros. Sin embargo, te garantizo que el auto control emocional será tu principal desafío en la vida.

No somos naturalmente positivos, este es un estado al cual debemos llegar razonando. Hay a quienes les lleva unos segundos entrar al estado positivo luego de un problema u obstáculo, hay quienes lo consiguen luego de varios días y quienes no llegan en lo absoluto, pagando hasta consecuencias emocionales de depresión. El motivo es que cuando de problemas se trata,

nuestro primer cerebro es el que se activa más rápido. Este primer cerebro, el más antiguo que tenemos, solo sabe hacer dos cosas: pelear o huir. Pelear es el estado donde enfrentamos el problema y activamos un plan, huir es hacerle caso, y protegernos contra el peligro.

A este punto, ya sabrás por qué cientos de traders y emprendedores no pelean en las adversidades. Automáticamente huyen del problema de la falta de abastecimiento y se refugian en lo que conocen como "seguro". El sistema no está hecho para formar personas que razonan o piensan por sí solas. El sistema lo es todo, desde la educación escolar hasta la familia. Habrá excepciones, pero la gran mayoría de las personas "huirá" cada vez que pueda porque nadie les enseñó a pelear. Colocarse rápidamente en un estado de guardia es cambiar la situación por un nuevo patrón de pensamiento.

Te contaré cómo fue en lo personal el proceso de huir a pelear. En mis primeros 6 meses de trading, allí por el 2008, perdí mi primera cuenta de inversión con 23 años. En ese momento no tenía preparación emocional y operaba con indicadores convencionales. Para entonces radicaba en los Estados Unidos, en la ciudad de Honolulu, Hawái. No todo fue un paraíso para los Estados Unidos ese año. Asume Barack Obama y, al ser hawaiano, todo el estado estaba de fiesta. Todo el estado, menos yo. Ese mismo año comenzaron los recortes de tasas de interés en la Reserva Federal y todo lo que había aprendido parecía no tener más sentido.

Me contacté con fondos de cobertura de New York, necesitaba saber qué estaba pasando y claramente quedaba mucho por aprender. Hacer trading en situaciones de crisis no es estratégico, sino emocional. Conseguí hacerme un lugar en Wall Street y me mudé a la ciudad. Desde Queens a Manhattan, tomando el metro a las 6:30 am para estar en el piso de operaciones a las 7:45 para el *line up* del día. Allí se definían los lineamientos diarios. Solo eran gritos de precios y estar preparados para tomar órdenes. Luego de ese momento... silencio absoluto. Claro que allí se aprende a cómo no escuchar tu cerebro y a operar con frío emocional.

Continuando con la teoría del control emocional, el estudio del cerebro se compone de dos partes: por un lado la científica, que mide la comunicación del cerebro con nuestro cuerpo desde esos tres cerebros. Por otro lado, la parte programada de la mente que es la que finalmente forma nuestro carácter, personalidad y define nuestra actitud en la vida. Dicho esto, concentraré la atención en el segundo factor porque es el que podemos ajustar. Mi aventura sobre el mundo de la mente comenzó a temprana edad. Un alto interés sobre la metafísica inculcado por mi madre me llevó a encontrar herramientas para ayudar y transmitir todo ese alto descubrimiento a amigos, familia y más tarde a traders.

En el momento que descubres que eres un ente de creación completamente amoldable y que puedes finalmente cambiar tu realidad en una milésima de segundo, todo tu mundo se abrirá para darte lugar. Ya en este preciso momento deberías estar estallando de emoción. Acabas de comprender que eres dueño y amo de todo. Cada uno de los problemas o aquello que llamas problema, tragedia o crisis fue todo creado por tí.

Cada momento de negatividad en tu vida crea un problema y lo has creado tú. Ni el país donde naciste, ni la economía que te tocó atravesar, ni los estudios que elegiste, ni tu pareja, absolutamente nada tiene que ver con tu situación actual. Si ya lo comprendiste, entonces presta mucha atención a este apartado.

Todo funciona dentro de sistemas, los cuales se forman a base de valores impuestos, creencias y costumbres. Viviríamos en un caos sin los sistemas. Los sistemas se crean basados en el miedo, sin miedo no habría un sistema que organice las voluntades de los seres humanos. Gracias a él tenemos un sistema escolar, político y familiar. De a poco comprenderás cómo el miedo ha determinado tu vida y limitado tu libertad de pensamiento propio. Eso estará por cambiar ahora.

En el primer ejercicio ocuparás rápidamente ese espacio de la mente que funciona en piloto automático y controlarás tus pensamientos, por lo que no le darás lugar al cerebro para que siga rigiendo por el miedo. El miedo tiene diferentes formas y se disfraza de diferentes personajes.

A este punto te preguntarás a qué se debe este apartado de neurociencia. Aún no llego a explicarte qué relación tiene con el trading online. Nadie nos enseñó ni nos enseñará que el dinero es lo que debe trabajar y nosotros quienes debemos tener formación para que así funcione. El sistema de creencias aceptado no está hecho para formación de pensadores independientes, creadores y artistas.

Nuestro sistema de creencias se nos ha impuesto desde el primer momento bajo el nombre de MIEDO. Padres, maestros, círculos sociales se han ocupado fervientemente de que sepas y entiendas que el trabajo es fruto de formación y eso tiene un precio en el mercado. A lo cual, lo curioso que riqueza del mundo se acumula en solo un 1% de la población, y ninguna de esas personas trabaja por dinero. Ninguno de los multimillonarios de nuestra era son de riqueza heredada, todos son auto realizados.

Acostúmbrate a que al decidir ser trader ya eres un emprendedor, tu trabajo es dedicarte a mover dinero de un lado a otro que luego te servirá para generar nuevas fuentes de ingresos. Los emprendedores tienen un estilo de vida muy diferente al resto de las personas. Cuando te pregunten sobre tus vacaciones no sabrás muy bien qué decir, porque quizás en tus primeros 5 o 6 años de emprendedor no tengas tiempo para distracciones. Cuando la familia o amigos organicen paseos de fin de semana tú igual estarás trabajando en tus ideas. Tu teléfono, laptop e internet son aliados infalibles en tu fase de emprendedor donde sea, cuando sea.

Tu cerebro se enfrentará a muchos cambios, dado que hasta ahora solo conoce cómo funcionan los sistemas a los cuales está entrenado para funcionar. La buena noticia es que la neurociencia ha demostrado que el cerebro es totalmente entrenable a lo nuevo y diferente. La neuropatía lanzó resultados de nuevos microcircuitos que se forman al relacionar conceptos diferentes.

Una vez que comprendes que lo que sabes y piensas no necesariamente proviene de tu pensamiento libre, la pregunta que deberías hacerte ahora es: ¿dónde está almacenado todo aquello que he aprendido y cómo desaprenderlo para realmente cambiar mi vida?

Si deseo realmente tener libertad y creo que merezco vivir de lo que quiero. Si entiendo que mi formación no tiene nada que ver con cuánto ganaré en la vida. Si se que la riqueza del mundo es ilimitada y no tengo que ponerme bajos objetivos solo porque la sociedad solo ha conseguido verse limitada por los logros de sus pares. Entonces, ¿Cómo empiezo?

Ahora sí, entramos a lo más fascinante de la mente humana. A nivel racional estás entendiendo todo lo que estás leyendo, sin embargo, tienes una sub mente que está en piloto automático constante. Esta sub mente está funcionando como un filtro de percepción de todo lo que haces y lo que te rodea, está dictaminando y encasillando cada segundo de tu día en diferentes áreas que ya conoce. El problema en la edad adulta, a diferencia de los niños, es que considera todo lo nuevo como una amenaza. Por lo tanto, se encargará de inundarte de malos filtros o pensamientos para llevarte a lo que sí conoce y mantenerte a salvo y seguro.

Ahora comenzarás a entender por qué es peligroso comenzar una actividad independiente o experimentar cosas nuevas sin dominar tu mente salvaje. Racionalmente podrás estar preparado para ser independiente, seguramente tendrás ahorros para lanzarte a una nueva actividad, tendrás apoyo de familia, socios y amigos. Pero presta mucha atención a esto: si no estás entrenando tu mente a lo desconocido, te quedarás en el camino. Ella hará todo lo posible para que falles, te llenará de negatividad cada vez que pueda.

Fallar es parte del proceso, amigate con las fallas, los fracasos y los obstáculos. Hazlos parte del éxito y no una forma de evitarlo para quedarte en lo seguro. Tu sub mente no está para obedecerte, es demasiado salvaje como para escucharte. Su única función es mantenerte vivo, y para eso te arrastrará a lo que te mantuvo vivo todo este tiempo una y otra vez. Cuando llegue ese momento, te detienes a tomar el control nuevamente. Debes controlar ese subconsciente entrenado para temer, repítele que estás tú en control ahora y deberá obedecerte y acompañarte en el proceso.

Esta ley natural de estado hipnótico en la cual nos mantenemos vivos se aplica a todas las áreas, no solo a lo laboral. No es casual que miles de traders y promesas de Wall Street estén trabajando en bancos o instituciones financieras por un sueldo fijo y "seguro". No es casual que miles de inventores hayan desistido de sus ideas que hasta podrían aún mejorar y cambiar el mundo tal y como lo conocemos y estén trabajando en investigación y desarrollo en universidades o empresas. No es casual que artistas, compositores, actores, estén actualmente en trabajos temporales hasta que surja una nueva oportunidad.

La historia de la humanidad se ha escrito por seres humanos que han sabido cómo NO pertenecer al sistema y han tomado cada oportunidad en el camino para desarrollarse. Si estudiamos la mente de cada individuo que ha hecho un cambio en el mundo fuera de lo conocido, (por nombrar algunos: Henry Ford, Abraham Lincoln, Voltaire, Tesla, dentro de los miles de los contemporáneos), todos ellos tienen en común sólo algunas cualidades: disciplina, creatividad, aislamiento social, visión a futuro, comunicación y meditación.

La edad donde el ser humano tiene la mayor oportunidad de romper con los paradigmas y desarrollar su creatividad hacia su verdadero propósito es justamente luego de terminar sus estudios formales. Esos son los años gloriosos de mayor aprovechamiento para romper con el sistema y tener un pensamiento autónomo de todo lo impuesto. Sin embargo, muchos adultos entre sus 40 y 50 años consiguen con alto empeño salir de las jaulas del pensamiento colectivo y adquirir el suyo propio.

Todo el trabajo restante se trata de qué hábitos deberás cambiar, qué nuevos pensamientos deberás adoptar y, sobre todo, cómo deberás hablar para entrar por completo al entrenamiento de la mente. Me detendré sobre los hábitos nuevos y el lenguaje. El lenguaje es la base de todo, la forma en que te comunicas puede requerir ajustes y cambios.

La pseudo ciencia que te ayudará a aplicar tus capacidades de lenguaje es la programación neurolingüística. Se ha comprobado que las palabras tienen poder en la formación de tus neurocircuitos cerebrales y generan una emoción determinada a cada palabra que mencionas. Para cerrar este apartado final, te garantizo que más del 80% de tu tiempo debe estar enfocado en tu trabajo emocional/mental cuando te dedicas al trading online.

ANEXO

EURUSD

- Máximo histórico: 1.60
- Mínimo histórico: 0.9535 / 0.9550 psicológico
- Zona de compradores: Sobre 1.10
- Zona de vendedores: Debajo de 1.10
- Transición: entre 1.08 / 1.09

Importante: el evento que ha generado nuevos mínimos históricos del cruce: Guerra Rusia-Ucrania: jueves 24 de febrero de 2022.

Precios de EURUSD en apertura de mercado ANTES del conflicto: 1.1240.

Precio al cierre de mercado: 1.1108.

Cronología de eventos Guerra Rusia-Ucrania.

21 de febrero: el presidente ruso Vladimir Putin emitió en un discurso televisado para anunciar la ocupación militar simbólica de las Repúblicas Populares Ucranianas Donetsk y Luhansk. El precio de ERUSD se mantenía sobre 1.13 en la apertura de mercado del lunes. Se presentaron horas de consolidación compradora entre 1.13 y 1.1350. Todos los traders venían ignorando las amenazas de Vladimir Putin. Los

mínimos del año 2022 se mantenían en 1,1150. El precio por lógica venía con proyecciones alcistas.

24 de febrero: Putin ordenó oficialmente a sus tropas cruzar fronteramente e invadir Ucrania mientras los temores por ataques nucleares crecían tras informaciones que reportaban bombardeos masivos en ciudades como Kyiv y Járkiv al igual que la captura de la planta nuclear Chernobyl. En respuesta inmediata al peligro presentado, el Presidente Volodymyr Zelensky declara movilización general militar ucraniana con intenciones defensivas. Para este día dentro del horario europeo el precio de EURUSD había pasado los mínimos de Enero 2022 (1.1150).

Gráfico EURUSD: Broker One Financial Markets. Desarrollo del precio desde el jueves 24 de febrero en 1.13 hasta 1.11 y mínimo histórico de 0.9550.

EURUSD 1.13: Las amenazas de Rusia habían comenzando y el precio de Euro ya estaba liquidando hasta 1.1280. Los compradores se ignoraron la situación y entraron en 1.13 comprando.

EURUSD: 1.1240. Se puede observar una nueva acumulación de compradores. EURUSD: 1.1130. Comienza la defensiva ucraniana. Ya el conflicto es declaración de guerra.

EURUSD: 1.1280. Recuperación el día viernes 25. El mercado abre con GAP bajista en apertura el día domingo 27. Recuperación posterior en un 60% del GAP. Posteriormente liquidación de mercado pasando los mínimos de 1.11. Entrada oficial a la zona de venta.

EURUSD: 1.10. El mercado entra oficialmente a zona de vendedores. Las estrategias compradoras en deeps (mínimos psicológicos) de mercado caducan y solamente entramos venta en los pullbacks (cuando entran compradores y estos fallan). Desde 1.10 el mercado registró el mínimo de 1.0830. Durante el mes de MARZO y mes de ABRIL el precio se mantuvo en el rango de consolidación más importante del cruce (1.08 y 1.09). Luego de dos meses completos en consolidación de mercado volvemos a estrategias vendedoras debajo de 1.08 hasta 1.0. Luego el mercado se mantuvo en la paridad 1.0 a 1.0 para más tarde conseguir el mínimo oficial histórico de 0.9550.

Las estrategias de mercado de watchMyTrading en estos días de conflicto inicial cambiaron rápidamente. Las compras dejaron de ser válidas una vez que se consolidó el mercado debajo de 1.10. El scalping en estos días fue bastante mixto dado que tuvimos que atravesar negociaciones entre ambos presidentes partícipes del conflicto que prometían una pacificación rápida. Si bien las compras eran prometedoras mantuvimos una postura en venta constante.

Gráfico EURUSD: temporalidad gráfica en hora Tradingview. Broker One Financial Markets.

La inflación de Estados Unidos subió desde 5.9% a 6.3%. Este evento generó que los compradores en el precio 1.0 liquiden sus compras y entró el mercado a venta nuevamente hasta el mínimo de 0.9950.

La razón de este fenómeno (compradores en USD) EURUSD a la baja es que este dato aumentó la especulación de suba de tipos de interés de Estados Unidos. A partir de la reunión de la FED ese mismo mes de septiembre los tipos de interés subieron.

El día 21 de septiembre se reunió la FED nuevamente y aumentó sus tipos de interés en 0.75%, desde 2.5% a 3.25%.

Las estrategias de watchMyTrading se tuvieron mixtas con este dato. Las posibilidades fueron en compra sobre 1.010

y venta debajo de 1.0. El mercado perdió terreno comprador inmediatamente después del dato de inflación. Irónicamente el mercado consideró erróneamente que tal información sería contraria a los intereses de una economía inflacionaria.

Gráfico EURUSD: Broker One Financial Markets

Aquí se presenta la decisión final de la FED con la suba de tipos más agresiva presentada en su historia (0.75%).

La estrategia de mercado ya se había mantenido vendedora debajo de 1.0. En el gráfico puede verse nuevamente intentos compradores en 0.98, luego en 0.9750, 0.97 y más tarde en 0.9550. El mínimo que consiguió posicionamiento y acumulación de compradores fue el final de 0.9550.

Las estrategias de watchMyTrading se mantuvieron siempre en venta debajo de 1.0. El mínimo necesario para pasarse a comprador es tener un mínimo de tres sesiones de mercado comprador.

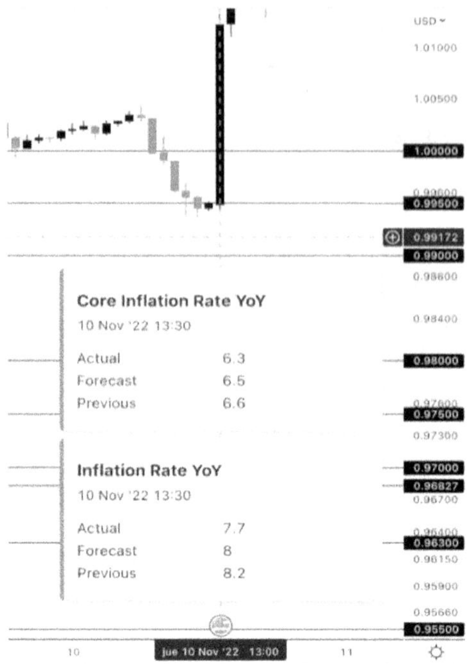

Gráfico EURUSD: Broker One Financial Markets

La inflación de Estados Unidos bajó de 6.6% a 6:3% mejorando en un 3% respecto del mes anterior. Este evento generó que el mercado liquide sus posiciones en dólar en respuesta a que la FED no subiría sus tipos de interés.

El mínimo de mercado se conserva en 0.9550. Los compradores en dólar se retiran de mercado y pasan a comprarse en euro y libra. A partir de este mínimo el precio de EURUSD no volvió a testear estos precios.

Las estrategias de mercado a partir de entonces se tornaron mixtas en mercado. El trading se mantuvo compra y venta con preferencia vendedora por tratarse de zona de venta. Aunque en busca de máximos de la zona de venta. Recordando que toda zona de mercado tiene su máximo mismo sea una zona vendedora. Eventualmente la zona de mercado entrará en su transición de precios de 1.08 y 1.09 para definir los las estrategias siguientes.

MAPA DE PRECIOS entre 1.0450 Y 1.0550.

Gráfico EURUSD: Broker One Financial Markets

Alto riesgo: estos niveles pertenecen a zona vendedora. Sin embargo, este rango de mercado generó posicionamiento comprador en el mercado y marcó los mínimos de transición a zona compradora en el año 2023 y en varias oportunidades en 2017 y 2016. Estos niveles son complejos en días vendedores. Debajo de 1,05 el mercado prometerá caer a 1,0450 pero no te confíes de las ventas debajo de 1,05 si pierde fuerza de venta expira inmediatamente. Podrías estar cerca de un punto de no retorno a las ventas.

>menor o por debajo.

<superior o por arriba.

VENTA

<1,06 vendemos hasta 1,0550.

<1,0550 vendemos hasta 1,0530.

<1,0530 vendemos hasta 1,0515.

<1,05 preferimos esperar a compradores.

COMPRA

>1,05 se mantienen las compras con expiración debajo de 1,05.

>1,0530 compramos hasta 1,0550.

>1,0550 compramos hasta 1,0560.

>1.0560 compramos hasta 1,0570.

El scalping comprador podrá continuar si el escenario macroeconómico se mantiene sobre 1,0550. La presión compradora podría ser sostenible hasta 1,06. Ya en este nivel psicológico el mercado toma sus ganancias para buscar nuevos compradores posiblemente para entrar a los rangos de 1,06 y 1,07. Recuerda que dependerá si el contexto macroeconómico acompaña la recuperación del euro y o depreciación del dólar.

MAPA DE PRECIOS Entre 1. 07 y 1. 06

VENTA

<1. 0700 vendemos hasta 1. 0650.

<1. 0650 vendemos hasta 1. 06.

<1. 06 vendemos hasta 1. 0550.

Riesgo: dentro de los días vendedores en 1,07 y 1,06 es cuando debemos prestar más atención a que los posibles compradores se interesen de estos mínimos.

Generalmente los mínimos psicológicos de 1,06 y 1,07 actúan como catalizadores de compras institucionales. Si el día es vendedor dentro de los precios de 1,07 y 1,06 no te apresures a considerar que continuará en bajada, puede tratarse de mínimos potenciales a compra. Toda venta que no logre cerrarse dentro de los últimos intervalos de 1,07/1,0710 o bien 1,06/1,0610 deben expirarse por potencial a compra el día siguiente.

COMPRA

>1. 06 compramos hasta 1. 0650.

>1. 0650 compramos hasta 1. 07.

>1. 07 compramos hasta 1. 0750.

Riesgo: dentro de los niveles psicológicos de 1,06 debemos esperar que los compradores posicionen lo suficiente antes de proceder al cambio de estrategias. Recordamos siempre que la zona de control es vendedora y los días que abren comprador pueden resultar falsos intentos. Asegúrate que los compradores tengan el control del área. Mantiene tu estrategia bajo el control de la confirmación tanto sobre 1,06 como sobre 1,0650. Luego sobre 1,0650 procede de la misma manera. La confirmación de esa cotización es clave para que procedas con las compras Por defecto la pérdida de confirmación implicará que el día no tiene la cantidad suficiente de compradores para cambiar de estrategias.

MAPA DE PRECIOS Entre 1.08 Y 1.0930

Gráfico EURUSD: Broker One Financial Markets.

MARZO/ABRIL 2020: Mínimo 1.0650 año de pandemia. Niveles de zona vendedora. Zona de transición entre 1,0800 y 1,0930. Esta área de transición de mercado se ha presentado en los últimos 3 años. El gráfico superior representa la actividad de la zona de transición en el año 2020. En este escenario el mercado liquidó sus compras en EURUSD dando como mínimo en 1.0650 antes de la recuperación. La diferencia entre las estrategias dentro de zona de compra, zona de venta y zona de transición es que las entradas intradiarias son de más alto riesgo. Todos los cruces de monedas tienen transiciones, sin embargo la de EURUSD es la más rápida comparado al resto de monedas.

Dentro de la zona de venta la preferencia es vendedora cuando los precios suben y cuando pasan mínimos intradiarios. Tenemos la certeza que el mercado está liquidando sus compras y se espera un mínimo. Sin embargo cuando estamos vendiendo dentro de este rango de precios (estando dentro de la zona de vendedores) sabemos que es posible que entremos definitivamente a la zona de compra (1.10). Por tanto las ventas no son válidas o al menos es prudente expirar rápidamente toda venta que presente latencia.

Gráfico EURUSD: Broker One Financial Markets.

MARZO/ABRIL 2022 Mínimo 0.9550 año de conflicto Rusia-Ucrania

Mercado en liquidación de posiciones desde zona compradora hasta mínimos de 1.0765. Para luego pasar a la zona de vendedores. Los niveles de 1.0930 y 1.09 prometen ser precios de consolidación a compra. Esta transición de mercado es la que filtra a los compradores de los vendedores. Cada vez que el cruce sale de la zona de compra de 1.10 los compradores se potencian entre 1.09 y 1.08 para conseguir los mejores precios de mercado en referencia a los precios sobre 1.10. Sin embargo, es posible que estos niveles no consigan el escenario macroeconómico que acompañe al precio y terminen perdiendo terreno.

Las estrategias de watchMyTrading son generalmente en cubierto cuando se trata del trading en estos niveles. Las ventas debajo de 1.08 se cubren rápidamente si el precio comienza a subir. Los compradores entran agresivamente, y si el vendedor falla en su entrada es posible que la venta no tenga efecto alguno en el intradiario y se deba cambiar la estrategia rápidamente.

Alto riesgo: las ventas ligeramente debajo de 1.08 tiene los niveles target (TP) entre 1.0790 y 1.0780 con expiración inmediata. Las entradas también complejas son las compras en 1.09 y 1.0930. Allí los precios van a prometer compras hasta 1.10 sin embargo es posible que el comprador se limite a testear una y otra vez entre 1.09,1.0920 y 1.0930. Se considera prudente expiración inmediata de toda orden compradora con latencia en estos precios.

MAPA DE PRECIOS entre 1.11 y 1.0950

Para explicar las VENTAS o un día vendedor usaremos símbolo < o menor que, y para explicar las COMPRAS usaremos símbolo > o superior a...

<(Menor o por debajo)

>(Superior o por arriba)

Comenzaremos con la zona vendedora.

<1.10 vendemos hasta 1.0983.

<1.0980 vendemos hasta 1.0972.

<1.0970 dejamos de entrar a mercado y esperamos compradores.

Atención: días con precio entre 1.0980 y 1.0970 no dejes nada abierto intradiario. Si vas a comprar, dejar cerrado antes que finalice el mercado europeo. Dado que si el mercado cierra vendido debajo de 1.0980 ó 1.0970 caerá a 1.0950 y extensiones y tendrás que esperar varios días para encontrarte con los compradores nuevamente. Si vas a venta el riesgo es menor, si dejas abierto, pero igual es un área de transición altamente buscada por los compradores.

COMPRA

>1.10 compramos hasta 1.1030.

>1.1030 compramos hasta 1.1050.

>1.1055 compramos hasta 1.1070.

>1.1070 dejamos de entrar a mercado y esperamos vendedores.

Atención: los días de compra entre 1.1070 y 1.1060 cierra antes que cierre el mercado europeo. No olvides que esos precios están debajo de 1.11 y si no logras cerrar comprado el día entre esos precios, es mejor retirarse y esperar los vendedores. O bien, comprar el día siguiente si pasa 1.1070.

VENTA

<1.0950 vendemos hasta 1.0940.

<1.0940 vendemos hasta 1.0930.

<1.0930 vendemos hasta 1.0920.

Toda venta intradiaria que demore en llegar a su target entre estos dos niveles deberá de cancelarse. El volumen del trader intradiario es de máximo dos horas. Estos intervalos presentados a continuación pretenden completar- se en plazo de 5 a 10 minutos.

COMPRA

>1.0930 compramos hasta 1.0940.

>1.0940 compramos hasta 1.0950.

>1.0950 compramos hasta 1.0970.

Atención: Cualquier compra intradiaria que se demore en llegar a su target entre niveles de 1.0950 y 1.0970 se cancelará. Debajo de 1.10 el comprador no logra suficiente participación.

Entre 1.0904 y 1.0886: ALTO RIESGO

Debajo de 1.0904 y superior a 1.0886

Importante: Idealmente esperaremos vendedores debajo de 1.0880 a 1.0870 y compradores superior a 1.0910 hasta 1.0920. No entres con exactitud en venta apenas logre estar debajo de 1.0880, esa venta debe cancelarse de inmediato si demora más de 5 a 10 minutos en caer a 1.0870. Evita las ventas entre este intervalo en lo posible. Así como las compras entre 1.0910 y 1.0920 pueden traer complicaciones. Es mejor siempre esperar, y ante la duda no entrar.

Este intervalo es de altísimo riesgo por lo tanto, si el día no propone una estrategia definida se evitará toda entrada en este intervalo específico.

En estos niveles ya comenzamos dentro de la zona de compradores.

VENTA

<1.1110 vendemos hasta 1.0997.

<1.1090 vendemos hasta 1.1050.

Riesgo: Debajo de este último precio evitamos vender dado que tiene alto potencial como precio comprador. En estos intervalos de mercado presta especial atención al 1.10. El nivel de 1.10 marcará el rumbo del mercado en estos intervalos. Por lo tanto, puede pasarse de largo si los días son volátiles pero no pierdas de vista que por arriba de 1.10 el mercado sostiene sus posiciones en este cruce y harán subir el precio más agresivamente. Debajo de 1.10 mantendremos una estrategia idealmente vendedora.

COMPRA

>1.0990 compramos hasta 1.0997 con extensión a 1.11.

>1.1104 compramos hasta 1.1112 extensión a 1.1115.

Atención: Toda compra intradiaria con latencia entre 1.1112 y 1.1115 se cancelará. Alto potencial vendedor en este nivel. En este intervalo te cruzarás con el 1.10 nuevamente. Presta atención con este precio en cada intervalo. Es muy común que el mercado se dispare en ambas direcciones cuando toque el 1.10. Lo importante es no quedar atrapado en ese nivel hasta no tener total seguridad si entra a zona compradora o continúa en zona vendedora.

MAPA DE PRECIOS entre 1.1150 y 1.1500

En este segmento explicaremos nuevos niveles compradores del cruce. Cuando ya estamos adentrados con seguridad a la zona compradora por sobre 1.10 los recorridos se hacen más fáciles de sostener. Las turbulencias importantes son en las transiciones de una zona a otra. Los precios tomarán naturalmente más presión compradora. Este apartado te mostrará hasta qué niveles los compradores son confiables y en qué niveles hay tomas de ganancia.

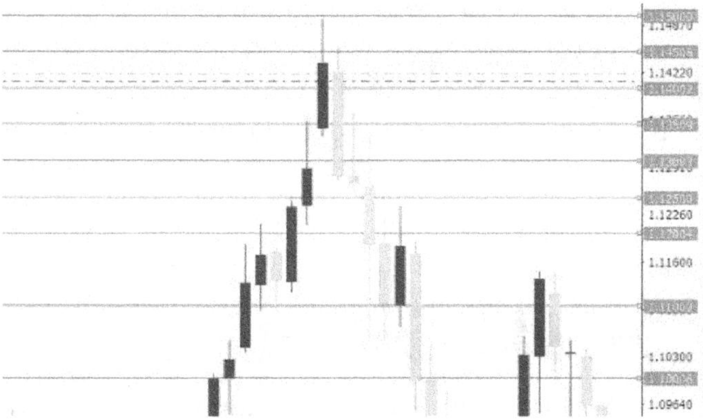

Precios entre 1.1150 y 1.1500

COMPRA

>1.1150 compramos hasta 1.12 con extensión a 1.1220 y 1.1250.

>1.1250 compramos a 1.1300.

>1.1300 compramos hasta 1.1350 y 1.1400.

>1.1400 compramos hasta 1.1450 y 1.1500.

Atención: este intervalo de mercado en particular no tendrá ningún contratiempo si es que te quedas con compras sin cerrar en el día.

La zona entre 1.14 y 1.1450 traerá alguna posible complicación. Es un intervalo típico de transición a nuevos máximos como 1.15 y 1.16. De todas formas si te quedas con alguna compra intradiaria sin cerrar entre 1.14 y 1.1450 no entres en pánico sigues en zona compradora. Cuanto más fuerza de compra tenga el precio más importante será su corrección lo cual se traduce a toma de ganancias. Cuanto más alto te *agarre* la compra más importante será tu drawdown. Las correcciones desde estos niveles de precios podrían ser hasta el nivel de 1.1380-1.1370. Finalmente, entre 1.1450 y 1.1500 las compras intradiarias no podrán quedar abiertas. Aquí debes tener especial cuidado. No quedes con compras sin cerrar entre 1.1450 y 1.1500. Desde estos niveles será más dificultoso atravesar una corrección hasta 1.1380-1.1370.

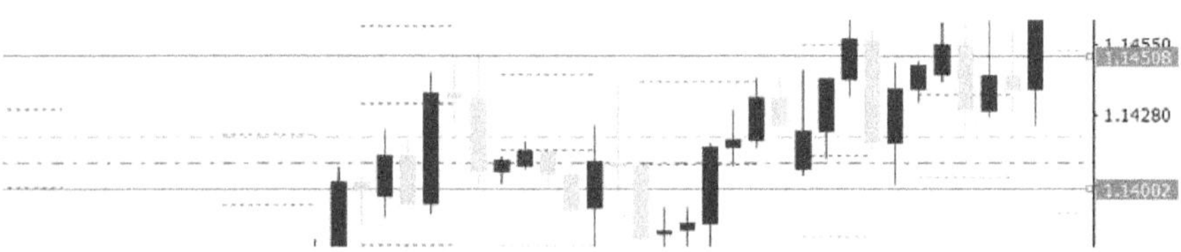

Importante intervalo de transición 1.14 y 1.1450

VENTA

<1.15 vendemos hasta 1.1450.

<1.1450 vendemos hasta 1.14 con extensión 1.1350.

<1.1350 vendemos hasta 1.13.

<1.13 vendemos hasta 1.1250.

<1.1250 vendemos hasta 1.12.

<1.12 vendemos hasta 1.1150.

Atención: Cuando se trate de días vendedores en zona compradora asegúrate de armar una estrategia acorde a los niveles de mercado sin precios psicológicos. Esto significa que debes mantenerte lejos de niveles cerrados. Las ventas desde 1.15 deberán lo más abajo posible de 1.15, Ej: 1.1490. Lo mismo ocurre si tienes un día vendedor en 1.14. Recuerda que la transición entre 1.14 y 1.1450 puede no significar ventas. Esto es, la apertura de mercado podrá ser vendedora y podremos estar debajo de 1.1450 ó 1.14 *pero aún así puede tratarse de solo esperar los nuevos compradores.*

Considera siempre como prioridad las compras en zona de compra.

La oportunidad de venta siempre es buena en la medida que comprendas que el precio cae para sumar compradores no para sumar vendedores. Ten en cuenta que la situación macro dictaminará finalmente tu trading. Por tanto, si tienes tres sesiones seguidas con aperturas vendedoras en zona compradora es muy probable que se trate de una cuestión macroeconómica. Caso contrario, las ventas pueden durar solo dos sesiones de mercado.

MAPA DE PRECIOS entre 1.1800 a 1.2000

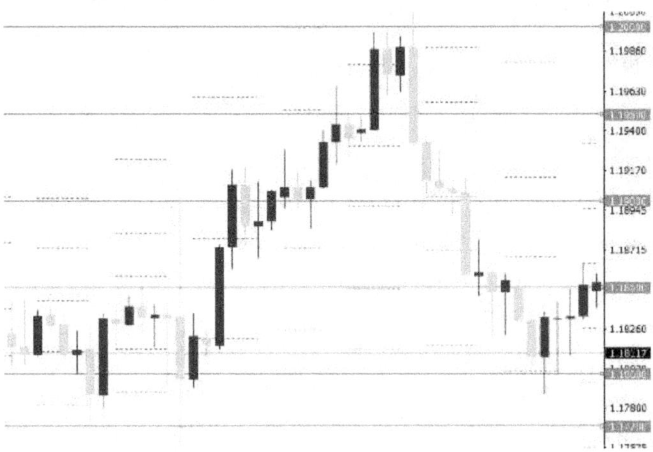

COMPRA

>1.18 compramos hasta 1.1850.

>1.1850 compramos hasta 1.19.

>1.19 compramos hasta 1.1950.

>1.1950 compramos hasta 1.20.

Importante: este intervalo tiene dos precios de difícil lectura el 1.19 y el 1.20. Por sobre 1.1850 no tendrá mayor complicación de alcanzar 1.19. Luego por sobre 1.1950 fácilmente alcanzará el nivel de 1.20. Sin embargo *las correcciones (ventas) desde 1.19 y desde 1.20 serán agresivas*. Por este motivo:

No es recomendable quedarse con compras sin cerrar intradiarias en 1.19 y en 1.20.

Así tengas todas las posibilidades de ganar una entrada por arriba de 1.19 hasta 1.1920 en el intradiario no apuestes a dejar abierta esa posición hasta el otro día. Lo mismo si tienes los precios en la zona de 1.20. Verás que el volumen de mercado parecerá bueno y con presión suficiente compradora como para salir bien. Pero es justo en esos momentos donde el mercado hace lo suyo y te quedas con compras en máximos diarios.

VENTA

<1.20 vendemos hasta 1.1950.

<1.1950 vendemos hasta 1.19.

<1.19 vendemos hasta 1.1850.

<1.1850 vendemos hasta 1.18.

Atención: Las ventas en estos intervalos son especialmente perniciosas debajo de 1.1850 y 1.1950. Desde 1.19 fácilmente se puede identificar una venta hasta 1.1850. Lo mismo desde

1.20 hasta 1.1950. Sin embargo, cuando se trata desde 1.1950 es posible que el comprador desde abajo en 1.19 tenga intención de mantener su apuesta compradora hasta 1.20. Lo mismo ocurre con el comprador de 1.18, posiblemente no quiera cerrar sus posiciones en 1.1850 y sus compras aumenten en la medida que se acerque a 1.19. Por supuesto que todo dependerá del volumen de mercado de ese día. Pase lo que pase, si una venta no consigue cerrarse en mercado abierto no olvides que los compradores mantienen el poder en el área y conviene muchas veces resignar la posición de mercado.

MAPA DE PRECIOS 1.2100 a 1.2300-1.24

Este intervalo de precios fue el clásico de los máximos importantes de entre 2016 y 2020.

COMPRA

>1.21 compramos hasta 1.2130.

>1.2130 compramos hasta 1.2150.

>1.2150 compramos hasta 1.22.

>1.22 compramos hasta 1.2230-1.2250.

>1.2230 compramos hasta 1.2250.

Atención: Las compras de 1.21 se mantienen solo intradiarias y confirmadas. Estos niveles de precios no son aptos para compras overnight. Es decir, dejar buy stops en aperturas de mercado sin monitorear. Si el día es comprador entre 1.2090 y 1.21 esas posiciones deberán realizarse solo confirmadas o bien expirando al vencimiento debajo de 1.21. Las compras finales entre 1.2260 y 1.2270 también aplicar el mismo criterio de confirmación o bien cerrar a expiración. Toda compra que no se consiga cerrar en el intradiario en estos niveles debe cancelarse. Al ser niveles máximos el precio parecerá estar fuerte y llegar a los 1.23, sin embargo, debe operarse SIN considerar coberturas (al retroceder del nivel psicológico cerrar inmediatamente). Estos precios han sido máximos entre los años 2017, 2018 y 2020.

Para llegar de cerca a esta información puedes remontarte a finales 2017. Para diciembre de ese año el precio del euro se mantuvo sobre 1.21 pasando todos los máximos posibles entre 1.22 a 1.2550 hasta enero del año siguiente. Para marzo del 2018 todo el mercado liquido sus posiciones en euro y arranco el año a la baja. Lo mismo hizo para marzo 2020. En diciembre 2020 todos los compradores arrasaron con euros los máximos aunque esta vez solo hasta 1.2330 y extensiones. Para comienzos del 2021 el mercado tomó sus ganancias y comenzó a la baja en marzo debajo de 1.21. Luego posicionó rápidamente en abril a compra solo para testear sus máximos de marzo previos.

Siguiendo la línea de tiempo en el histórico del mapa de precios llegamos al 2015 y 2014. Para finales de 2014 el mercado liquido sus posiciones en euro para luego comprarse en marzo 2015. Los máximos del 2014 sobre 1.30 no volvieron a verse hasta la fecha. Entre los años 2014 y 2015 existe un desfase de máximos importante. Entre 2015 y 2016 los máximos se mantuvieron entre 1.14 y 1.1480. Para marzo del 2017 recién logró el mercado posicionarse hasta 1.24. Es clave la extrema cautela en el trading del mes de marzo. Entre la primera y segunda semana de este mes se producen las formaciones finales de las zonas de mercado.

GBPUSD

Máximo histórico: 2.00.

Mínimo histórico: 1.0330 / 1.0350 psicológico.

Zona de compradores: Sobre 1.30.

Zona de vendedores: Debajo de 1.30.

Transición: entre 1.20/1.2050.

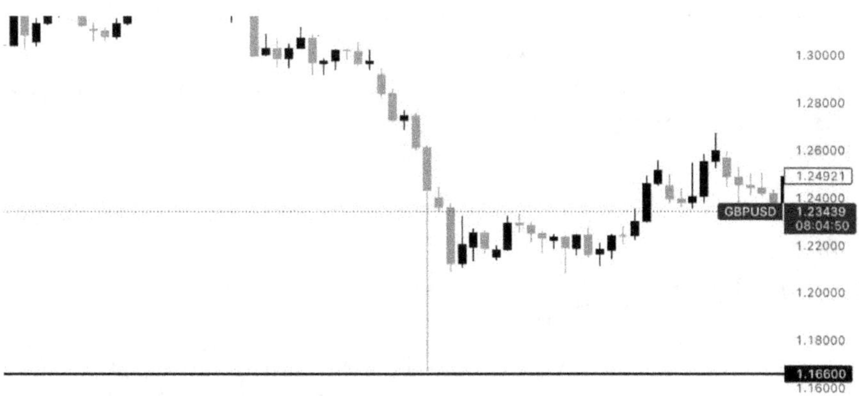

Gráfico GBPUSD: Broker One Financial Markets. Octubre/2016

GBPUSD se mantuvo en consolidación dentro de 1.30 mientras el Reino Unido estaba en negociaciones de su referéndum sobre el Brexit. Una vez que las votaciones salieron a favor de la salida del Reino Unido de la UE el precio liquidó sus posiciones hasta el mínimo de 1.1660. La presión de compra fue inmediata hasta los niveles de 1.23,1.24 y 1.25 aunque sin volver a la zona de compradores. Las estrategias de watchMytrading se mantuvieron en venta debajo de 1.30. Una vez que el precio entró en consolidación sobre 1.20 se evaluaron las primeras estrategias compradoras.

ALTO RIESGO: la zona de precios de transición en este cruce se encuentra entre 1.20 y 1.2050. El trading en estos niveles cambiará de tratarse mercado bajista o mercado en recuperación. Esto es: Si el mercado ha pasado por esta transición desde la zona de compra es posible que estos niveles signifiquen dos posibles escenarios: precios mínimos para entrar a 1.30 nuevamente o bien precios máximos de los mínimos a futuro. Significa tanto las compras como las ventas deben expirarse si el mercado presenta latencia en un día determinado. Si el mercado ya ha conseguido sus mínimos y está en recuperación es posible que esta transición sea para eventualmente volver a zona de compradores sobre 1.30. En conclusión, la transición tiene el propósito de ser una zona de inflexión de mercado. Es especialmente importante operar con expiración en estos niveles.

Gráfico GBPUSD: Broker One Financial Markets. Marzo/2020

GBPUSD atraviesa nuevamente la zona de mercado de 1.30 pero esta vez consigue un nuevo mínimo debajo de 1.16 de Brexit. Los compradores tomaron sus iniciativas compradoras en el mínimo del 2016 pero sin éxito de recuperación. Para entonces el precio logró pasar de 1.1660 hasta 1.14. Este nuevo mínimo fue el precio oficial más bajo al comienzo de la pandemia.

Las estrategias de watchMyTrading se mantuvieron vendedoras y en espera de compradores en 1.1650. Las compras se esperaron entrando en cubierto debajo de 1.16 consiguiendo vender hasta 1.1550 y 1.14. Las compras resultaron exitosas mientras que las ventas se iban expirando en la medida que el mercado daba sus pasos de recuperación. La preferencia debajo de 1.30 es vendedora y se fue trabajando compra en la medida que el precio acompañaba la recuperación de la economía. En casos donde el mercado consigue mínimos históricos las compras institucionales son las que consiguen recuperar los precios sin volver a testear mínimos.

La libra tuvo tres cambios de administraciones desde el Brexit. Las sucesiones de Cancilleres no han generado cambios drásticos en lo respectivo a estrategias de mercado. La libra ha tenido cambios más bien en función de los datos macroeconómicos de Estados Unidos.

Gráfico GBPUSD: Broker One Financial Markets. Septiembre/2022.

GBPUSD consigue por última vez pasar de la zona compradora a la zona de vendedores. El escenario macro en esta oportunidad es la suba de tipos de interés de Estados Unidos. Los compradores vuelven a comprarse en 1.1660 y más tarde 1.14 sin éxito. El mercado en esos mínimos anteriores no tuvo posicionamiento suficiente. Una vez debajo de 1.14 la caída del precio no se detuvo en ningún mínimo en el camino más que 1.03 y 1.05. La recuperación fue igualmente de rápida.

La estrategia de watchMyTrading se conservó en venta y cambió a compra sobre 1.14 con máximo en 1.1660. Una vez conquistados ambos mínimos de 1.14 y 1.1660 el precio se mantuvo en recuperación nuevamente sin entrar a zona de mercado comprador. Hasta la fecha de esta actualización libra no ha conseguido entrar a compra. El mercado se conserva en zona de vendedores hasta la fecha (febrero 2023). En estos momentos 01/02/2023 se están revisando los tipos de interés de Estados Unidos, Europa y Reino Unido. El precio de libra se mantiene sobre 1.23 con proyección compradora hasta 1.24. La preferencia es alcista si los Estados Unidos suben los tipos de interés menos de 0.50 pb. Los mínimos anuales es 1.1850 nivel psicológico.

El Reino Unido es la cuarta economía más grande del mundo, con un producto interno bruto valorado en 1.4 trillones de dólares. La economía de este país es muy saludable, con una tasa de desempleo baja y un nivel de consumo fuerte. Esta es una economía que está básicamente orientada a los ser vicios. La manufactura representa un pequeño porcentaje de su PIB. Su mercado de capitales es uno de los más desarrollados en el planeta, y el sector financiero y bancario contribuye en gran manera en la creación del PIB de la nación.

Un factor económico muy importante es el hecho de que el Reino Unido es uno de los mayores productores y exportadores de gas natural de toda la región Europea. El sector energético de este país forma el 10% aproximadamente de su PIB. Por otro lado, el Reino Unido (United Kingdom-UK) es un importador neto de diferentes bienes, lo cual produce un constante déficit en su balanza comercial. El principal socio comercial de este país es la Unión Europea. El Banco de Inglaterra (Bank of England- BE) es el Banco Central del Reino Unido. Este organismo tiene el poder de cambiar las tasas de interés de la nación respondiendo a los objetivos de mediano y largo plazo que tiene el país.

La Libra Esterlina (Great British Pound-GBP) es una de las monedas más líquidas en el mundo. Una de las razones que provoca esta liquidez, es el alto nivel de desarrollo que posee el mercado de capitales Inglés. Este mercado es atractivo para muchos inversionistas internacionales. Por otro lado, la libra esterlina posee una de las tasas de interés más elevadas de los países desarrollados. Como resultado, muchos inversionistas, deciden ahorrar e invertir en activos denominados en libras esterlinas, lo cual mantiene una constante demanda de esta moneda en el mercado.

La política monetaria actual del Reino Unido es dovish. Se conserva el cruce bajo presión vendedora. El Brexit dividió la historia de la libra en el mercado internacional en un antes y un después. Es una de las monedas que se mantuvo con su nominación local pero perteneció a la Unión Europea. Desde el 2016 el mapa de precios de este cruce tuvo drásticos cambios. El efecto más importante de la libra al salirse de la Unión Europea es la pérdida de correlación con el euro. El Reino Unido tendrá de por vida un vínculo geoeconómico con la Unión Europea. Pero desde la salida del país del bloque ahora sus decisiones de política monetaria son independientes y por lo tanto el valor de su moneda también.

Importante: La estrategia principal es venta dado el escenario macroeconómico. Si el día se encuentra en los niveles psicológicos de 1.21, 1.22 y 1.23, detente, no te apresures a planificar. Recuerda tu estrategia principal es vendedora, sin embargo, al pasar estos niveles psicológicos el precio gana más fuerza estando en zona vendedora. Evitar compras inmediatamente en los precios de 1.21, 1.22 ó 1.23, espera una formación de al menos 10 a 15 pips o bien espera a que el día cierre comprado y entras en mercado asiático o bien al día siguiente.

Consideramos que el precio de la libra contra el dólar permanecerá debajo de 1.33 y 1.30 abandonando su actividad por arriba de estos niveles. Por lo tanto, los nuevos máximos históricos serán 1.30 y 1.33 dando como transición entre 1.22 y 1.26.

Por lo tanto, a partir de la crisis del 2020 sumado al fracaso de las negociaciones del Reino Unido con la Unión Europa consideramos oportuno mover la zona de mercado a vendedora por debajo de 1.2050 hasta los nuevos mínimos de este año 1.1450. La zona compradora por lo tanto se compone por arriba de 1.2050 hasta 1.30 y extensiones. Una vez que el cruce GBPUSD opere dentro de un escenario de Brexit resuelto podríamos volver a los niveles de 1.30 y 1.33 con normalidad. El siguiente gráfico muestra la acción del precio desde el 2016 al 2020.

Debajo de 1.2050 la libra tuvo una extensión de zona vendedora hasta nuevos mínimos en 1.1450.

MAPA DE PRECIOS entre 1.2000 y 1.2200

Probablemente libra no vuelva a operar debajo de 1.2050 una vez superada la crisis (Covid-19) y reactive su economía. Las negociaciones del Brexit aún no finalizan. Actualmente transcurriendo octubre del 2020 aún se sigue con los acuerdos. El Brexit sigue siendo el factor macro más importante en la zona Euro.

VENTA

<1.20 vendemos hasta 1.1980.

<1.1980 vendemos hasta 1.1950.

<1.1950 vendemos hasta 1.1920.

Atención: Debajo de 1.1950 hasta 1.1920 y 1.19 si hay demoras en completar el intervalo se cancelarán todas ventas en la zona.

Riesgo: Alto potencial comprador en ese intervalo. Debajo de 1.20 tenemos una gama de mínimos muy alta, por lo tanto, máxima precaución en no quedarte atrapado con ventas en estos mínimos.

COMPRA

>1.20 compramos hasta 1.2020 y extensiones.

>1.2050 compramos hasta 1.2080.

>1.2109 compramos hasta 1.2130.

Riesgo: Por tratarse de precios de transición de la zona de venta a la zona de compra (<1.21), son aún precios con alto potencial de venta. Toda compra intradiaria superior a 1.21 y 1.2110 que no complete su intervalo intradiario se deberá cancelar en el intradía.

MAPA DE PRECIOS entre 1.2260 y 1.23

COMPRA

>1.22 compramos hasta 1.2220, 1.2230 y 1.2250.

>1.2250 compramos hasta 1.2270 y 1.2280.

Atención: Entre 1.2150 y 1.2170 entramos en alto riesgo. Compradores y vendedores tienen poder en la zona, entraremos evitando compras muy cercanas a 1.2170 y 1.2190, esperamos que el precio quede formado arriba de 1.2200 para mayor seguridad.

VENTA

<1.2260 vendemos hasta 1.2250.

<1.2250 vendemos hasta 1.2230.

<1.2230 vendemos hasta 1.22.

Atención: Por arriba de 1.2200 el comprador tendrá controlado más el precio que el vendedor, aunque estemos aún en zona de vendedores (<1.30). Las ventas en GBPUSD por arriba de la zona de 1.22 no deberían mantenerse por tiempo prolongado de no alcanzar su target de precio. Por más que el día sea vendedor, no quedarse con ventas en máximos tales como 1.21, 1.22 y 1.23. Si el día cierra arriba de algún nivel psicológico el precio seguirá subiendo durante el día siguiente.

Riesgo: Los intervalos vendedores por arriba de 1.20 son de alto riesgo.

MAPA DE PRECIOS entre 1.24 y 1.26

COMPRA

>1.24 compramos hasta 1.2450.

>1.2450 compramos hasta 1.25.

>1.25 compramos hasta 1.26 con extensiones.

Riesgo: el último intervalo comprador entre 1.25 y 1.2650 es de alto riesgo. Las compras superando 1.26 en el intradiario no deberían permanecer abiertas. Los niveles de 1.26 a 1.2650 son de toma de ganancias. Las correcciones desde estos niveles podrían generar ventas hasta 1.24 y 1.2280.

VENTA

<1.26 y 1.2650 vendemos hasta 1.25 y la presión de venta probablemente aumente pasando 1.26 hasta 1.2550 y 1.25.

<1.25 vendemos hasta 1.2450 y 1.24.

Importante: El año 2020 ha sido aún de negociaciones del Brexit por lo tanto puede no necesariamente ser representativo cuando las negociaciones acaben.

MAPA DE PRECIOS entre 1.2650 y 1.28

COMPRA

>1.2650 compramos hasta 1.27.

>1.27 compramos hasta 1.2750.

>1.2750 compramos hasta 1.28 con extensiones.

Riesgo: El nivel de 1.28 es conocido por ser de toma de ganancias. Precaución con las compras sin cerrar en el intradiario. Es preferible no realizar compras en días sobre esos precios.

VENTA

>1.28 vendemos hasta 1.2750.

>1.2750 vendemos hasta 1.2720 y extensiones.

>1.27 vendemos hasta 1.2650.

COMPRAS

>1.29 compramos hasta 1.2950 con posible extensión directa hasta 1.30 y 1.3030.

>1.3030 y 1.3070 importante consolidación.

>1.3070 compramos hasta 1.31 y 1.3120.

>1.3150 compramos hasta 1.32.

>1.32 compramos hasta 1.3250 y 1.3260 (en 1.3250 puede haber resistencia a subir)

>1.3250 compramos hasta 1.3280 y 1.3290.

>1.33 compramos hasta 1.3350 y 1.3380.

>1.3380 compramos hasta 1.3390 y 1.34.

VENTAS

<1.3150 vendemos hasta 1.3120 y extensiones.

<1.31 vendemos hasta 1.3050 y 1.3030.

<1.3030 vendemos hasta 1.30.

<1.30 la presión de venta aumentará hasta posibles niveles de 1.2950 y 1.2930.

Información: Superando 1.2850 ya entramos hasta 1.29 y la presión compradora se mantendrá estable hasta los niveles de 1.30 y 1.3030. Los niveles máximos del área entre 1.3030 y 1.3070 son de importante consolidación. Puede que el precio se mantenga operativo entre esos niveles por varias sesiones de mercado. Por lo tanto, presta especial cuidado en días compradores cuando veas que las compras no alcanzan sus targets diarios.

Riesgo: si notas una latencia en la ganancia de las compras en estos niveles conviene resignar la posición y esperar mejores confirmaciones. El desafío del cruce en estos máximos es la transición segura a 1.31 ó la vuelta de los vendedores hasta 1.30 y 1.29. Superando 1.3070-1.3080 nos movemos nuevamente a compras hasta 1.31 y 1.3150 con extensiones. El mapa de precios comprador se extiende hasta 1.35 (máximo anual 2019 y 2020 y hasta 1.4350 máximo anual 2018)

Riesgo: Los niveles de toma de ganancia en la zona de compra son por lo general los niveles psicológicos. Existen niveles de mayor corrección que otros. Por ej.: 1.3030 y 1.35 son claves. El intradiario podría confundirte una con una compra segura y caer en una barrida de mercado justo en esos niveles. Lo importante es que no te expongas comprando en niveles de riesgo de toma de ganancia.

COMPRAS

>1.32 compramos hasta 1.32 y 1.3230.

>1.3230 compramos hasta 1.3250.

>1.3250 compramos hasta 1.33 y 1.3320/1.3330.

>1.3350 compramos solo bajo confirmación hasta 1.34.

>1.34 compramos hasta 1.3430 y 1.3450.

>1.3450 esperamos confirmación hasta 1.35.

Atención: en este intervalo en particular los precios a tener mayor atención es entre 1.33 y 1.3350. Los días compradores en esos precios es ideal esperar por una confirmación antes de proceder. Cualquier compra que no logre completar su target a falta de volumen diario es mejor resignar la posición. Pasando la barrera de los 1.3350 la presión compradora debería mantenerse estable hasta los 1.35.

MAPA DE PRECIOS entre 1.38 y 1.43

Último intervalo importante en el cruce GBPUSD. Máximos registrados entre finales 2017 y principios de 2018. Luego estos máximos se repiten a principios de 2021. Si bien explicamos un intervalo de mercado amplio solo se repitió dos veces en la Historia de la libra.

COMPRAS

>1.38 compramos hasta 1.3950.

>1.3950 compramos hasta 1.40 (es posible que 1.3950 sea un máximo intradía)

>1.40 compramos hasta 1.4050 y 1.41 (presta atención al máximo intradiario)

>1.4050 compramos hasta 1.41 y 1.42. (El precio se verá fuerte pero tendremos un máximo puede marcarnos como 1.41 ó bien 1.42)

>1.42 hasta 1.4250 evitamos comprar. Estas posiciones en mejor evitar hacerlas.

>1.4250 compramos hasta 1.43 y extensión.

Riesgo: las compras en este último intervalo son de alto riesgo. A veces es preferible dejar pasar los últimos intervalos de mercado y esperar que los compradores tomen sus ganancias.

Importante: los compradores entre los niveles de 1.3950, 1.4050, 1.4150 y 1.4250 pueden perder poder de compra en el intradiario. Si tienes días compradores en estos precios lo mejor es entrar solo bajo confirmación sobre esos precios. Caso contrario podría ser un falso movimiento comprador.

VENTAS

<1.43 vendemos hasta 1.4250 y 1.4230.

<1.4230 vendemos hasta 1.42 y 1.4190.

<1.4190 las ventas podrán sostenerse hasta 1.38.

<1.38 ventas para sostener hasta 1.36.

<1.36 vendemos hasta 1.30 y vuelve la zona vendedora debajo de 1.30.

Riesgo: si tenemos días vendedores pero revierten en medio de la sesión de mercado es preferible esperar las ventas con paciencia. En estos máximos no se considera prudente cubrirse. Por tanto las ventas son preferencia en todo este mapa de precios final de libra.

ORO / XAUSD

- Actividad de oro a 20 años.
- Máximo histórico en progreso: 2.430.
- Mínimo histórico a 5 años: 1.047 USD la onza.
- Zona de compradores: superior a 1200 dólares la onza hasta 1900. Una vez superados los máximos de 2000 y 2100 formalizó su área compradora.
- Zona de vendedores: debajo de 1200 dólares a zona hasta área de 1047.

El oro es un activo lo bastante complejo como para dividirlo en intervalos cerrados como se presenta la acción de precio. Haremos lo mejor posible, para representar las oportunidades compradoras y correcciones. La actividad del oro en los últimos cinco años se ha limitado entre 1300 a 1700 (a excepción del año 2020 con un máximo en 2070.0). La estrategia general es en compra. Años de políticas monetarias de recorte son propicios para los refugios como las commodities.

Oro por su característica de activo refugio no tiene realmente un área vendedora. Más bien podríamos decir que el comprador debajo de 1300 y 1200 son más débiles o está menos interesado en sostenerse en mercado. Por sobre 1500 el comprador se compromete a sostener sus posiciones. Entendiendo que es una commodity de tendencia los días vendedores son la excepción estratégica en oro. Por tanto que los días vendedores deben ser eficientes y las posiciones que pierdan confirmación vendedora deben expirarse.

VENTA

<1300 vendemos hasta 1270. Debajo de 1300 la preferencia es vendedora.

<1270 vendemos hasta 1250.

<1250 vendemos hasta 1200.

<1200 vendemos hasta 1100.

COMPRA

>1300 comienza la transición del comprador.

>1320 compramos hasta 1350.

>1350 compramos hasta 1400.

>1400 compramos hasta 1500 Superando 1500 el comprador aumentará la presión.

VENTA

Atención: Intervalo de venta entre 1500 y 1490 es ALTO RIESGO. Si el día es de venta y no alcanza a tu target esa venta debe de cancelarse. Vender por arriba de 1500 es adelantarse a los vendedores. Cuidado.

Las compras en niveles de 1300 y 1400 que no consigan cerrarse en el intradiario son de alto riesgo. Los niveles psicológicos son típicos de toma de ganancias.

Importante: Esta commodity mantiene una estrategia compradora, siempre que la situación internacional es cuestionable. Cuando los ciclos económicos comienzan la fase de recuperación, y las tasas de interés comiencen a subir, serán años de baja para las commodities de metal. Las ventas son solo bienvenidas debajo de 1300, 1400, 1500, 2000 y otros niveles psicológicos. Actualmente dentro del año 2024, se evalúa el nivel de 2300 como precio de liquidación.

Sobre 2300 el mercado se ha conseguido mantener en compra. Ese precio se evalúa como posible nivel donde los compradores podrán considerar tomar sus ganancias. Aquí detente antes de planificar entradas de mercado. Evalúa si los compradores estarán interesados en comprarse más abajo (2200) o bien vuelven a los 2300.

Ten especial cuidado con las compras en 1550, 1530 ó 1400 y 1450. No te quedes con compras sin cerrar en un día que fluctúa en esos precios. Esos niveles son de corrección o toma de ganancia (venta). Los precios psicológicos son muy importantes en este activo en particular. Recuerda que es el único activo en el mundo que no pierde valor frente a nada que se le interponga. Solo fluctúa a razón de movimiento de dinero de los inversores en otros instrumentos. Pero no se trata que pierda estatus o valor.

Las compras en días compradores en intervalos entre 2000 y 2009 son de alto riesgo. Las compras dentro de esos rangos deben expirarse si pierde fuerza compradora. Estos niveles especialmente debajo de 2000 los compradores toman sus ganancias y el precio tiende a tener un alto potencial vendedor. Al igual que los días vendedores dentro de estos niveles son de alto riesgo. Los intervalos entre 2010,2020,2030,2040 y 2050 deben evitarse en días compradores. Es preferible no involucrarse en estos intervalos y esperar asegurarse que la estrategia sea la correcta.

Actividad del oro (correlaciona con plata) en año crisis Covid-19.

El año 2020 merece un apartado en el tratamiento de la acción de los precios sobre las commodities. Todo comenzó, en cuanto se declaró la pandemia como crisis sanitaria internacional por la OMS (Organización mundial de la Salud). El primer episodio fue cuando los inversores sacaron su capital del mercado financiero. Hubo ventas en pánico en todos los mercados. Oro estaba operaba en torno a los 1700.0 antes de que corriera el rumor del anuncio por la OMS. Días después se alcanzaron los mínimos en la onza a 1470.0 y 1454.70. Fue una situación impredecible.

Sin embargo, la acción de precios logró salvar muchos inversores esperando confirmaciones de compra por sobre 1700.0. Durante el día 09 de marzo los precios no lograban superar fácilmente los 1700. Las ventas en pánico en oro tuvieron una duración de nueve días aproximadamente. Luego, el precio logró finalmente entrar en fase de consolidación. Entre los días 16 y 19 de marzo. El saldo de la pandemia fue caída del precio desde 1700.0 hasta los niveles de 1450.0. Luego de los anuncios de paquetes de ayuda monetaria por los bancos centrales volvió la inyección de capitales y con esto los precios compradores. Volvieron los niveles de compra de 1500.0 luego 1600.0 y 1700.0.

El precio se mantuvo estable en los meses siguientes. Llegado el mes de Julio la desconfianza de los inversores sobre el dólar tiñó de incertidumbre al mercado internacional. Los precios de las commodities ascendieron a máximos históricos. El nivel de los 1900 se veía muy lejano en marzo sin embargo fue superando a penas en cinco días por los 2000.0 la onza. En solo dos días los precios de 2050.0 y 2070.0 hicieron del oro la commodity más cara del mercado internacional.

TRANSICIONES DE XAUUSD

Los precios de Oro (XAUUSD) durante su acción de precios anual 2020 está caracterizado por innumerables transiciones. Las transiciones del precio son indicios de que existe incertidumbre con las cotizaciones de la commodity por dos razones: o muy caro para seguir comprando o mucha incertidumbre como para mantener las posiciones. Los precios de oro consiguieron sostenerse por arriba de los 1900.0 una vez superada la crisis sanitaria del año 2020. Un escenario muy posible nos da indicios que tanto oro como plata fueron elegidos frente a un año de incertidumbre internacional. Nuevos participantes se han sumado a compras de este metal. La última transición que conocemos está sobre 2.300 donde el mercado comprador se mantiene sólido. No garantizamos que sea la última transición. Estimaciones confirman que los 3000.0 dólares la onza son un horizonte próximo.

Las transiciones sirven para planificar estrategias. Estas pueden extenderse por meses. La base de precios inferior de la transición te indica precios de compra mientras que la base de precios superior es indicación de tomar ganancias.

Transición 1: Entre 1860. y 1910.0.

Transición 2: Entre 1910.0 y 1930.0.

Transición 3: Entre 1930.0 y 1961.0.

Transición 4: Entre 1961.0 y 2000.0.

Transición 5: Entre 2300.0 y 2330.0.

USDJPY

Para hablar del yen japonés es muy importante hacer un poco de historia. En la década de los ochentas el Mercado de Capitales japonés era uno de los mercados más atractivos del mundo, este representaba la cesta de oportunidades más interesante de todo el continente asiático.

Este país era el que poseía el Mercado Financiero más desarrollado y el sistema bancario era considerado uno de los más fuertes en el planeta. Al mismo tiempo de estos excelentes factores, el país presentaba una tasa de crecimiento constante y una inflación prácticamente en nivel cero.

Esto provocó una serie de expectativas de rápido crecimiento, en conjunto con un programa de expansión crediticia audaz que terminó provocando una gran burbuja en los activos del país. Entre los años de 1990 y 1997 esta burbuja de activos colapsó, induciendo a una pérdida en la valoración de los activos en más de 10 trillones de dólares. Los bienes raíces perdieron valor en más del 70%.

Esta caída en los precios de los activos, provocó una severa crisis en el sistema bancario japonés. Esta circunstancia provocó un efecto bola de nieve que terminó trasladándose no solo al precio de los bienes raíces, también el valor de las acciones y las compañías. El Mercado de Capitales reflejó una franca tendencia negativa por muchos años. Toda esta crisis ha necesitado de la intervención directa del Gobierno del Japón, implementando políticas económicas y monetarias. Producto de toda esta experiencia, el yen japonés es actualmente muy sensible a las circunstancias políticas del país.

El Banco del Japón es el organismo encargado de fijar las políticas monetarias del país. En 1998 el gobierno japonés formuló un conjunto de leyes que le otorgaron autonomía al Banco Central del Japón, induciendo su independencia con respecto al Ministerio de Finanzas Japonés. Ambos organismos tienen una incidencia muy importante en la dinámica de las divisas de dicho país. El yen es hoy en día, la cuarta divisa más negociada a nivel mundial.

USDJPY

Máximo histórico: 158.00 / 160.0 psicológico.

Mínimo histórico: 75.30 / 75.50 psicológico.

Zona de compradores: Superior a 110.0 hasta 158.0 (nuevos máximos posibles continúan)

Zona de vendedores: Debajo de 110.0 hasta 102.0 y 100.0

Transición: entre 116.0/100.0

Gráfico USDJPY: temporalidad gráfica en hora con máximo histórico.

Tradingview. Broker One Financial Markets. Octubre/2022

Después de 30 años de relativa estabilidad en el valor del yen japonés en comparación con el dólar estadounidense, los economistas de ambos lados del Pacífico son testigos de un cambio sin precedentes. En octubre de 2020, los traders de divisas presenciaron un acontecimiento trascendental: el tipo de cambio había eclipsado la relación de 150 a 1 por primera vez desde junio de 1990. Ese mismo mes del año pasado (enero de 2021), sólo era de 103 a 1 y a finales de marzo de 2022 esa cifra subió drásticamente hasta un rango de 130 a 140 antes de alcanzar finalmente su marca actual de 140 a medida que nos adentramos en diciembre de 2021.

Este cambio abrupto ha modificado lo que se considera "normal" y los expertos indican que no es probable que se vuelva a esta situación a corto plazo. Esto pone de relieve la importancia que tendrá la economía japonesa a la hora de establecer los estándares internacionales de cara a la próxima década. El 22 de septiembre del 2022, el gobierno japonés dio un paso audaz e inter vino en los mercados de divisas tras casi 24 años de inacción: compró yenes para vender dólares. Aunque se trata de una medida poco habitual en ellos, la historia ha demostrado que el éxito de las intervenciones requiere una acción global coordinada de las naciones del G-7.

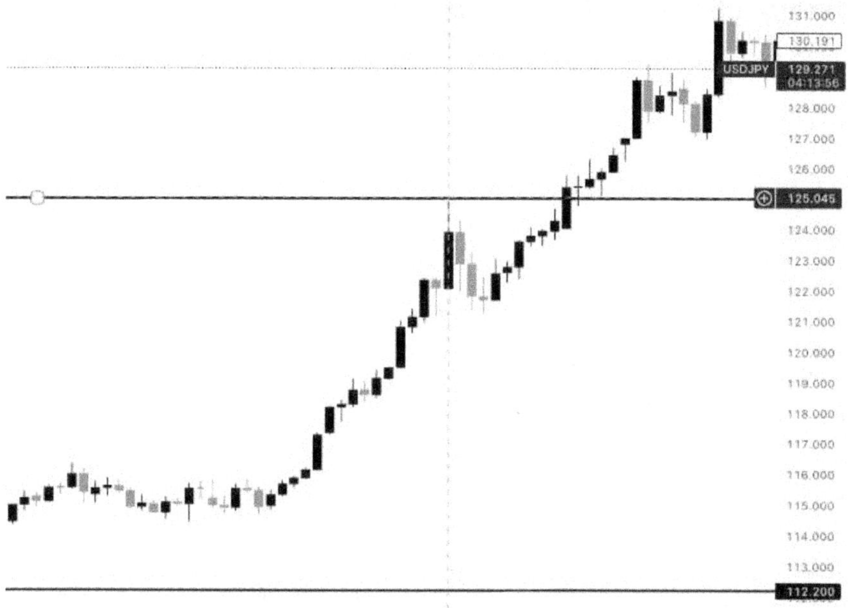

Gráfico USDJPY: temporalidad gráfica en hora con máximo histórico.

Tradingview. Broker One Financial Markets. 2022

Las estrategias de watchMyTrading se mantuvieron en compra en este cruce. Los máximos históricos minaron el mercado sin embargo continuó depreciándose el yen. Se puede ver en el gráfico como los vendedores están atentos en cada máximo sobre 110.0 manteniendo estrategias vendedoras. Mientras que los compradores al tanto de la situación macroeconómica de Japón aprovecharon cada máximo para aumentar sus posiciones compradoras. Los niveles psicológicos como 120.0 y 130.0 resultaron niveles de corrección imprescindibles para tomar fuerza hasta los nuevos máximos registrados hasta ahora.

MAPA DE PRECIOS entre 105.50 hasta 110.0

Los intervalos en este cruce son innumerables dada la amplitud con que este cruce se desempeña en el intradiario. Simplificaré los intervalos más riesgosos.

MAPA DE PRECIOS entre 108.00 y 109.60

COMPRA

>108.50 compramos hasta 109.0.

>109.0 compramos hasta 109.20 con extensión hasta 109.60.

>107.00 compramos hasta 107.50 y 108.0.

>108.0 compramos hasta 108.50.

>108.50 compramos hasta 109.0.

Importante: Las compras intradiarias en este intervalo son de alto riesgo de no cerrarse en el momento justo. Compras debajo de 110.0 idealmente no son de mantenerse en el intradía. Las ventas en cambio son bienvenidas en días vendedores en los niveles máximos de 108.50,109.0 y 109.60.

VENTA

<108.00 vendemos hasta 107.50 y 107.0.

<107.0 vendemos hasta 106.50 y 105.80.

Las ventas que no logren cerrarse en el intradiario debajo de niveles importantes como 108.0 ó 107.0 se cancelarán en el intradiario. Esos precios son también transiciones importantes al comprador interesado en cerrar recién al nivel de 109.0 y estos inversores mantendrán sus compras.

Importante: Entre 109.0 y 110.0 entramos en transición compradora hasta 114 ó bien vendedora nuevamente a 105.00. Evitamos entrar compra o venta entre los días con el precio entre 109.0 y 110.0.

Riesgo: No quedarse con compras o ventas sin poder cerrar entre 109.0 y 110.0.

MAPA DE PRECIOS entre 106.00 y 104.00

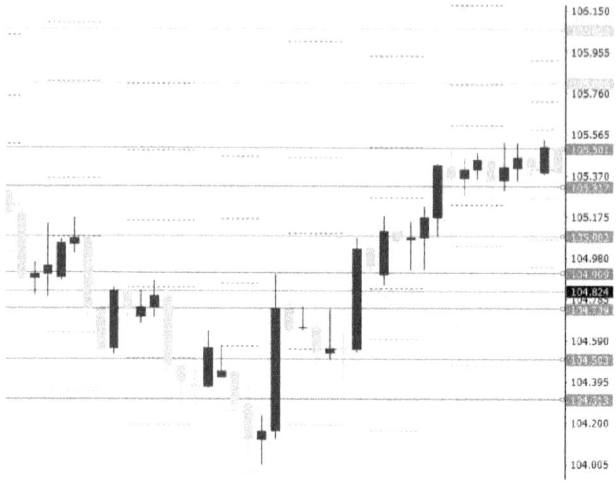

COMPRA

>104.0 compramos hasta 104.50.

>104.50 compramos hasta 105.0.

>105.0 compramos hasta 105.50.

>105.50 compramos hasta 106.0.

Importante: las compras en los niveles entre 105.80 y 106.0 podrían ser de alto riesgo. Si no logran cerrarse en el intradiario las últimas compras deberán cancelarse.

VENTA

<106.0 vendemos hasta 105.50.

<105.50 vendemos hasta 105.0.

<105.0 vendemos hasta 104.50.

<104.50 vendemos hasta 104.0.

Importante: las ventas del último intervalo no podrán quedar abiertas. Alto potencial comprador entre 104.30 y 104.0.

MAPA DE PRECIOS entre 111.00 y 115.00

Este intervalo de mercado se presenta como máximos interanuales para los años 2016, 2017, 2018, 2019, 2020 y 2021. Es clave la interpretación correcta de estos niveles máximos en días vendedores y días compradores. En este apartado combinamos muchos mapas de precios juntos en este cruce por tanto explicaré solo lo mas importantes.

COMPRA

>111.00 compramos hasta 111.30 y 111.50.

>111.50 compramos hasta 112.0.

Por sobre 112.0 los compradores no tienen niveles de tomas de ganancia importantes sino hasta 113.70. Una vez posicionado sobre este nivel los compradores se sostienen hasta 113.90 y 114.0.

Se presenta una importante transición de mercado entre 113.70 y 114.0. Dentro de estos niveles es riesgoso mantenerse con compras o ventas sin lograr cerrar en el intradiario.

AUDUSD

Máximo histórico 1.1010

Mínimos histórico 0.5500

Zona de compradores: sobre 0.80 a 1.10

Zona de vendedores: debajo de 0.80 a 0.67

Transición: entre 0.70 y 0.73

Las ventas son la preferencia operativa en este cruce desde el 2015 en adelante. La política monetaria continúa siendo dovish, este año 2020 se procura mantener las tasas de interés sin cambios. El cruce se ha mantenido debajo de 0.80 y arriba de 0.70 desde los últimos cinco años. Esperamos que ese intervalo se siga manteniendo a futuro. La crisis sanitaria del año 2020 podría traer más presión vendedora en el cruce. Más recortes de tasas de interés podrían ser necesarios para paliar los cierres de las economías asiáticas. Tal como se aprecia en el gráfico siguiente, los mínimos de 0.67 no lograron sostener interés comprador. La crisis 2020 nos trajo una nueva área de mercado desconocida hasta entonces: Desde 0.67 hasta el nivel 0.5510. Estimamos que una vez comenzada la recuperación economía australiana los mínimos volverían a estabilizarse por arriba de 0.67.

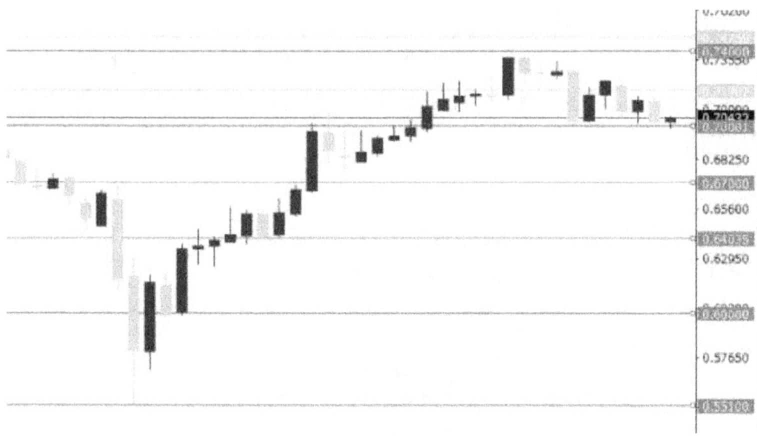

Nuevos mínimos de 2020.

<0.67 a 0.5510.

Intervalos de alto riesgo.

Precios entre 0.70 y 0.6860.

Atención: el intervalo entre 0.70 y 0.6860 es de corrección a compra.

Este intervalo se vio en el 2016 y 2020 únicamente. Si en un futuro los precios se encuentran cercanos de estos niveles las ventas podrán trabajarse pero sin sostenerse una vez superado 0.70.

Precios entre 0.67 y 0.70

COMPRA

>0.67 compramos hasta 0.6750.

>0.6750 compramos hasta 0.68.

>0.68 compramos hasta 0.6850.

>0.6850 compramos hasta 0.69.

>0.69 compramos hasta 0.6990 y 0.70.

Riesgo: la transición de mercado entre 0.6990 y 0.70 es de alto riesgo. Las compras cercanas a los niveles de 0.70 son de alto riesgo. Al quedar por debajo de 0.70 el precio aumenta su presión de venta.

VENTAS

<0.70 vendemos hasta 0.6950.

<0.6950 vendemos hasta 0.69.

<0.69 vendemos hasta 0.6850.

Riesgo: las ventas debajo de 0.6850 son de alto riesgo en el intradiario. Existe un algo interés comprador entre 0.6850 y 0.6830. Las ventas no deberían quedan sin cerrarse entre esos niveles. Oportunamente esperar los compradores.

Atención: como toda transición este intervalo es riesgoso para los compradores y los vendedores. Por lo tanto, el objetivo es simplemente no quedarse con compras intradiarias sin cerrar por arriba de 0.70. Cada compra dentro de este rango de precios debe manejarse con precaución. Únicamente avanzará a compras nuevas si consigue pasar 0.70 y 0.73 con éxito. Pasando ese precio ya si tenemos indicativo de alcanzar 0.80.

Entre 0.80 y 0.79

Atención: estos son niveles típicos de quedarse con posiciones compradoras. Por lo tanto, al ir cumpliendo los rangos que se aproximan a 0.80 tener mucha precaución con las compras. Idealmente evitar compras en estos máximos y más bien esperar vendedores en estos máximos.

MAPA DE PRECIOS ÍNDICES

Los índices internacionales son operables con acción de precio al igual que cualquier otro instrumento. Los índices son una medida del funcionamiento del sector de una economía. A diferencia de todos los países que tiene solo un índice bursátil, los Estados Unidos tienen tres índices divididos por tipo de rubro de las compañías que lo componen. SP500, DOW30, NASDAQ. Por lo tanto analizaremos el mapa de precios de este índice en particular. Agregaremos también el índice DAX correspondiente a la economía de Alemania por tratarse del índice más representativo de la Unión Europea.

Las correcciones en los índices son ideales para entrar al mercado en precios más bajos. Cuando la economía funciona normal por varios meses consecutivos tendremos máximos nuevos cada semana. Por lo tanto, **los índices no tienen zona de vendedores, sino más bien precios de corrección para buscar nuevos compradores**. Los índices son mercados de tendencia a diferencia de las divisas.

Fundamental: atención al calendario económico sobre compra venta de bonos del tesoro americano y datos de impacto como inflación, empleo, producción y tipos de interés. El contexto macroeconómico actual es de mantención de los tipos de interés de la Reserva Federal de Estados Unidos a fecha de octubre/2023. Los ciclos de suba de tipos de interés generan más atención en el mercado de bonos del tesoro (sube demanda de bonos) y por lo tanto menos riesgo para tomar en el mercado de renta variable (cae la bolsa). Las políticas monetarias de suba de tipos de interés adelantan una crisis en la bolsa de valores.

Cuando la Reserva Federal de Estados Unidos finaliza un ciclo de suba de tipos de interés comienza a decidir mantenerlos y es entonces cuando el mercado se mueve a la bolsa y se retira del mercado de bonos del tesoro. Sin embargo, los discursos de los presidentes de la Reserva Federal se mantienen hawkish generando expectativas de futuras subas de tipos de tasa de interés. El impacto de los discursos hawkish genera oportunidades de para venta en los índices americanos. Lo contrario ocurre cuando los discursos son dovish. Frente a esos perfiles de discursos en donde la Reserva Federal insinúa que mantendrá los intereses iguales tendremos oportunidades compradores en los índices.

Hawkish: son descritos como "halcones" cuando apoyan el aumento de las tasas de interés para combatir la inflación, incluso en detrimento del crecimiento económico y el empleo.

Dovish: Una política monetaria moderada o expansiva es lo opuesto a una política monetaria agresiva. Si la Reserva Federal está preocupada por el crecimiento de la economía, puede decidir darle un impulso bajando las tasas de interés, comprando títulos gubernamentales por parte de los bancos centrales y reduciendo los requisitos de reserva para los bancos.

Este mapa de precios se realiza bajo *mercado descontado*. Esto significa que al margen del contexto macroeconómico y datos de impacto el precio del mapa indicado se constituye con la oferta y demanda preestablecida. La acción de precios toma el historial estadístico de los precios en el pasado pero no predice el futuro de modo mágico. Ten en cuenta de armar correctamente tu entrada al mercado tomando como referencia los precios a continuación establecidos. Siempre es recomendable no entrar a mercado previo a los datos de impacto sin planificar la estrategia final. *La estrategia final exitosa debe componerse del precio de entrada (spot o pendiente) precio de salida o take profit y precio de expiración o hedge (cobertura)*. Si algún componente no está definido correctamente la estrategia está incompleta y podrá fracasar. Apóyate de mis videos del canal de YouTube para complementar los temas estratégicos faltantes como expiración de órdenes o coberturas. Este mapa de precios te servirá para operar mercados OTC o futuros, aplica la misma regla de precios.

Nota: por regla general los índices se operan en compra. Es decir, son mercados de tendencia y tienen correcciones a la baja. A diferencia del mercado de divisas, los índices no son mercados que se dividen en zonas de compra y zonas de venta. Esto es importante aclarar para que los días de venta sean efectivos. Recuerda que los índices engloban la actividad de un sector determinado de la economía y por tanto están hechos para representar el crecimiento y la expansión de las empresas. Destacaremos a continuación los rangos más representativos de últimos tres años y los intervalos correspondientes.

Los índices se presentan típicamente en tres fases:

1. **Máximos de saturación/consolidación.**
2. **Corrección.**
3. **Recuperación/acumulación.**

Si te encuentras en un momento del mercado en la primera fase ten en cuenta que los compradores dominan el mercado pero falta motivación para que se sumen nuevos. Estos niveles son típicos donde las noticias van encaminando riesgos recesivos o alguna acción hace el trabajo correctivo necesario para que se sumen compradores nuevos en mejores cotizaciones. El mercado en esta fase es cauteloso y no se producen grandes movimiento de los precios. Estos máximos son anuales, interanuales o históricos. Esta primera fase la preferencia es estrategias compradoras con potencial a venta.

Si te encuentras en la segunda fase ya estamos en mejores condiciones para nuevos compradores. Una corrección puede tener 500 puntos ó 1000 puntos. Dependerá de la severidad del escenario macroeconómico. Es importante dar prioridad a las ventas si te encuentras en el inicio de una fase correctiva. Al igual de importante es saber identificar cuando se aproxima la última fase de recuperación. Esta fase del mercado la preferencia es vendedora.

Ya en la fase final el mercado comenzó a acumular compras y llegamos a los mínimos de la corrección. En esta fase no hay que adelantar compras y dejar que el mercado presente sus mínimos. La preferencia es compradora con potencial vendedor debajo de sus niveles psicológicos correctivos. Superando los máximos correctivos psicológicos irás sumándote a compras intradiarias. Te darás cuenta cuando comienza esta fase por que los mínimos se conservan intactos.

NASDAQ

MAPA de PRECIOS 17.000, 18.000 y 19.000 puntos

En estas cotizaciones máximas los escenarios vendedores se limitaron. Prácticamente el NQ se posicionó sobre 17.000 hasta los 18.000 dentro de una misma semana. Debajo de los

19.000 puntos (18.900) hubo oportunidad vendedora hasta 18.170. Sobre 18.170 los compradores entraron hasta 18.500 y 18.600. Luego de una corrección menor los compradores se sostuvieron hasta 18.900 pero en esta oportunidad se quedaron posicionados sobre 19.000. Debajo de los 19.000 puntos se esperaría una corrección aunque de momento no está registrada al año correspondiente 2024.

MAPA de PRECIOS 16.000 puntos

Sobre los 16.000 puntos los compradores tienen poder comprador sostenido sin niveles importantes de transición hasta completados los 16.400 y 16.500.

Transición importante: 16.400 y 16.470. Es preferible estar fuera de mercado una vez que se encuentren estos niveles. Sobre 16.470 el precio finaliza su transición para pasar a los 16.750/16-800 nivel psicológico. Mientras que debajo de 16.450/16.430 los compradores se preparan para tomar sus ganancias desde los 15.000 puntos. Atención en días vendedores debajo de los 16.430 las ventas se extienden hasta los 16.000.

Venta debajo de 16.000 hasta 15.800 y 15.750. Importante expirar ventas si el precio pierde confirmación debajo de los 16.000 (no quedarse vendido sobre 16.000).

Una vez que el mercado queda posicionado sobre los 16.000 el precio no presenta mayor dificultad operativa. Los compradores son más decididos y hacen extensivo su rango en varias oportunidades hasta los 16.430/14.470. Este es el primer nivel importante correctivo vendedor.

Entre 16.430/16.470 habrá presión de compra desde los compradores de 16.000 puntos es recomendable esperar sobre 16.480 antes de seguir comprando.

Compra en 16.480 hasta 16.750. Recuerda que los índices están hechos para que sus máximos sean superados, por lo tanto los niveles de 17.000 no tardarán en llegar. Una vez que entremos a la configuración de los 17.000 se abrirá el mapa de precios y actualizaremos información. Aún así estas herramientas planteadas en este apartado te servirán para configurar tus propios intervalos siguientes.

MAPA de PRECIOS 15.000 puntos

Niveles psicológicos importantes: 16.000 y 15.000 son niveles correctivos. Si te encuentras en días cercanos a estos máximos posiblemente estemos frente a estrategias vendedores. *Dependerá de la apertura americana*. Si el mercado americano abre comprador entonces esos niveles son de base para nuevos compradores. Si abrió vendedor entonces estamos frente a máximos donde los compradores podrían tomar ganancias generando una corrección. Si las compras pierden poder comprador dentro de estos precios psicológicos estamos frente a una posibilidad correctiva/vendedora.

Los 15.000 se expanden de a 100 y 200 puntos generando una consolidación de mercado. Una vez el mercado posicionado sobre los 15.000 entra en recuperación definitiva hasta los 16.000. Sin embargo, si los compradores se retiran de los 15.000 puntos la caída del precio podrá ser hasta los 14.000 nuevamente. Es importante no adelantarse a conjeturas compradoras sobre 15.000 puntos tenemos que darle unos 200 a 300 puntos de oportunidad a que entre a recuperación o vuelva a vendedor.

Los 15.200/15.100 son máximos dentro de la transición como indicativo vendedor hasta 15.000 en días vendedores.

Oportunidades detectadas Sobre 15.350 la presión compradora podría extenderse hasta 15.380. Debajo de 15.350 no quedarse con compras en la zona. Los nuevos compradores se encuentran solo sobre 15.400. Es importante evitar compras entre 15.350,15.360 y 15.380. *En cambio esperar por los 15.400 para los nuevos compradores hasta 15.400 hasta 15.450.* Nuevamente sobre 15.450 y 15.500 tenemos los máximos del área. Entrar en compras con precaución dentro de este rango de 100 puntos. Expirar las compras al perder confirmación.

Debajo de 15.230 pasa a vendedor hasta 15.100/15.200.

- Transición importante: 14.780-14.750. Esperar que finalice sin planificar entradas dentro de tales intervalos.
- Transición importante: 15.350-15.250. Estos precios se tratan de niveles posibles a recuperación con objetivos finales de 16.000 ó bien niveles máximos de tomas de ganancia hasta los 14.000. Esperar a que finalice la transición sin planificar entradas en estos niveles.

MAPA de PRECIOS 14.000 puntos

Entre 14.650 y 14.550 alto potencial comprador pero cuidado con comprar debajo de 14.700.

Nota: Los 14.700 van a simular rebotes de compra pero pueden fácilmente fallar. Es importante expirar a tiempo en caso que una compra pierda poder. Las ventas debajo de 14.700 son viables y extensibles hasta los 14.400.

Entre 14.400 y 14.500 alto potencial comprador. Idealmente esperar 14.500 antes de comprar en estos mínimos o bien al intentar comprar y que pierda poder comprador expirar inmediatamente.

Debajo de 14.400 la presión vendedora se extiende hasta 14.300 y debajo de 14.300 hasta 14.200. El éxito del comprador en estos mínimos dependerá si son compradores en apertura o en medio en rebotes de días vendedores.

Debajo de 14.200 el precio podrá perder poder comprador hasta 14.170 y pasar a venta hasta 14.050. Entre 14.050 y 14.060 los compradores retornan a comprar hasta 14.300.

Entre 14.700 y 14.780 transición / consolidación. Sobre 14.780 sube a 14.800. Los 14.800 son máximos de la transición y desde ahí es venta. Si con- firma sobre 14.800 podría tomar fuerza de compra hasta 14.850. Pero cuidado con compras adelantadas en los 14.800.

Atención en 14.950 solo entrar confirmado o en 14.960 para ir a los niveles de 15.000 nuevamente.

Atención en 14.900 y 15.000 con días compradores podría fallar la confirmación y es importante expirar toda compra que pierda poder comprador en esos rangos siendo que está debajo de 15.000 puntos.

Importante cambio de rango: Sobre 14.400 bajo confirmación sube a 14.500. Es importante expirar compras adelantadas que pierdan poder comprador cercano al 14.400.

Debajo de 14.400 venta hasta 14.300. Entre 14.300 y 14.250 tendremos rebotes de compra pero con preferencia a vender debajo de 14.300.

Desde 14.700 cae a 14.660 /no adelantarse a comprarse debajo de 14.700 (puede resultar máximo del área). Día vendedor atención con compras adelantadas en los mínimos diarios.

MAPA de PRECIOS de 13.000 puntos

Debajo de 13.000 cae a 11.500

Sobre 13.050 pasa a compra con precios de recuperación.

SP500

Máximo histórico en proceso: 6.000 puntos psicológicos (2024)

Mínimos histórico: 720 puntos psicológicos

El índice SP500 ha estado operando entre los 2.400 y 4.000 puntos desde los últimos cinco años. Enumeraré a continuación los niveles de alto riesgo tanto para compradores como para vendedores.

Puntos de riesgo para compradores son: entre 2.900,3.000, 4.000 y 4.500. Estos niveles son típicos de corrección en el índice. Días compradores en estos niveles no son ideales de mantenerse en el intradiario. Únicamente por arriba de los 3.000 puntos los compradores estarían fuera de riesgo hasta el nivel de 3.400 nuevamente. Luego que el mercado pase los 3.400 puntos estaremos frente a un historial de mercado inexistente. En esos casos simplemente el comprador debe estar atento para el próximo nivel correctivo.

Compras sobre 3.000 puntos hasta 3.150 y 3.400 como máximos. Ventas debajo de 3.000 hasta 2.600 y 2.400 puntos.

Los vendedores en este índice debajo de niveles clave como 2.800,2.900 y 3.000 son solamente intradiarios. Estos niveles son típicos de correcciones por lo tanto, se prefiere esperar la caída desde esos precios para una entrada compradora. Esta misma lógica aplica al resto de índices bursátiles. Primero es identificar los máximos y mínimos históricos, luego los niveles de corrección.

Entrando al año 2023 el mercado comenzó a posicionarse sobre los 4.000 puntos nivel que no había registrado antes. La última corrección que alcanzó fue desde 4.600 hasta 4.100.

Transición importante: 4.200-4.100. Atención en estos precios. En días compradores sobre 4.150 no quedarse con compras de intervalos o si el precio pierde confirmación compradora. Toda posición de compra entre estos niveles debe cancelarse o expirarse si el precio pierde poder comprador o confirmación depende sea tu criterio al entrar a mercado. Los riesgos de las compras en esta transición es que el comprador toma ganancia en cualquier momento y el precio cae a 3.800 y hasta 3.600. Lo mismo ocurre con las ventas. Si el día es vendedor pero dentro de tal transición pero pierde confirmación o presión de venta es conveniente retirarse de la venta.

Transición importante: 4.400-4.350. Las compras adelantadas en la banda superior de la transición deben expirarse. El mercado ha demostrado dificultad de quedarse sostenido en compras en los 4.400 puntos y ese nivel ha sido responsable de numerosas correcciones vendedores. Las compras en estos niveles deben evitarse o bien expirarse ante la falta de volumen o pérdida de confirmación.

Entre 4.530-4.540 atención con estos niveles. Las compras adelantadas sobre los 4.500 pueden llegar a ser máximos para ventas hasta 4.400. Las compras que quedan en intervalos sobre estos precios son de alto riesgo. Sobre 4.541 ya todo cambia. Es importante esa confirmación final. Saliendo de estos precios en días compradores la presión de compra se sostiene hasta 4.550/4.560.

Atención a los máximos de 4.560 y 4.570. Los precios de 4.570,4.580 y 4.590 deben evitarse en días compradores a menos que tengan la fuerza suficiente para completar un scalping de al menos 20 puntos. Si los compradores de 4.570 se retiran habrá más fuerza vendedora para generar una leve corrección. En cambio si los compradores en 4.570 se mantienen podremos ver como la presión de compra se extienden hasta 4.600.

Debajo de 4.490 la presión de venta continúa hasta 4.450/4.430.

Atención a los 4.600. Estos máximos han fallado en múltiples ocasiones a los compradores apresurados. Las compras que pierdan confirmación compradora entre 4.600 y 4.610 debemos de expirar. Este nivel ha resultado correctivo hasta 4.350.

Sobre 4.610 los compradores han logrado mantener las cotizaciones al alza hasta 4.700. Importante: toda compra entre 4.600 y 4.620 que pierda fuerza compradora debe expirarse. Una vez superados los 4.800 entraremos en una nueva fase compradora hasta 4.900.

Los niveles sobre 4.800 puntos no tardarán en generar presión compradora hasta los 4.900 y los 5.000. Si los máximos futuros no están registrados aquí se actualizarán en las próximas ediciones. *Mientras tanto recuerda que los niveles máximos psicológicos son objeto de correcciones de mercado y si el día es comprador y pierde confirmación de tu precio debes retirarte de la orden.*

DAX o GER30

Máximo histórico en proceso: 19.000 (psicológicos)

Mínimo histórico: 2.400

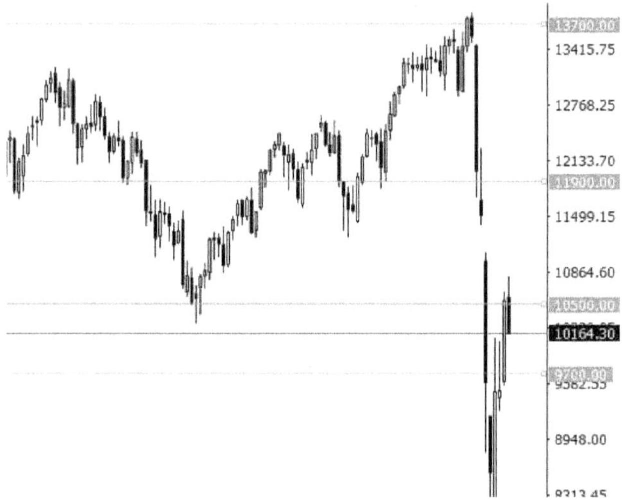

Tal como se distingue en el gráfico. El índice alemán DAX ha tenido un crecimiento sostenido por arriba de su mínimo de 2.400 puntos, los años de crisis o corrección han sido en los años 2001,2008 y 2020. Desde los últimos cinco años el índice no se ha salido de los niveles de mínimo de 9700 y 11.900 puntos. A la fecha se encaminan los 19.000 puntos. **La única precaución en este índice es mantenerse fuera de mercado durante los niveles psicológicos máximos.**

Esperar una corrección de mercado en días de máximos es ideal. Las correcciones pueden ser de entre 300 a 500 puntos. Cuando se concrete la corrección será tu oportunidad para subirte a los compradores nuevos.

Intervalos de riesgo

>9500 compra hasta 9700: área de consolidación a compra. Arriba de 9700 puntos el mercado consigue entrar con fuerza compradora hasta 9900 puntos. Precaución con compras debajo de 9700 puntos.

>10.000 compra hasta 10.500: precaución con compras en estos niveles. Son precios típicamente correctivos. Al ver estos niveles tenemos que tener paciencia y esperar ver mercado sostenido por arriba de 10.000 ó 10.500 depende el día.

<10.000 vendedores hasta 9700.

<9700 venta hasta 9400 y extensiones

www.ingramcontent.com/pod-product-compliance
Lightning Source LLC
LaVergne TN
LVHW050653051026
849532LV00002B/623